LÉON LEJEALLE (1949 à 196) et JEAN-POL CAPUT (1969 à 1972)
Agrégés des Lettres

ESSAIS

Livre premier

EXTRAITS

MICHEL DE MONTAIGNE
Peinture anonyme. École française de la fin du XVIᵉ siècle.
Musée Condé, Chantilly.

Phot. Arch. phot.

MONTAIGNE

ESSAIS

Livre premier

EXTRAITS

avec une Notice biographique, une Notice historique
et littéraire, des Notes explicatives, une Documentation
thématique, un Questionnaire et un Index des thèmes,
par

DANIEL MÉNAGER

ancien élève de l'École normale supérieure
Agrégé des Lettres

ÉDITION REMISE À JOUR

LIBRAIRIE LAROUSSE

17, rue du Montparnasse, et boulevard Raspail, 114
Succursale : 58, rue des Écoles (Sorbonne)

RÉSUMÉ CHRONOLOGIQUE
DE LA VIE DE MONTAIGNE
1533-1592

1533 (28 février) — **Naissance au château de Montaigne** de Michel de Montaigne, fils de Pierre Eyquem et d'Antoinette de Louppes. Les Eyquem sont de **riches négociants bordelais,** anoblis en 1477 par l'achat de la terre de Montaigne. Par sa mère, Montaigne descend de juifs portugais. Mis en nourrice dans un hameau de bûcherons, il passe ses premières années à la campagne.

1535 — Montaigne, confié à un pédagogue allemand, apprend, selon une méthode originale, le latin avant le français.

1539-1548 — A l'âge de six ans, il entre au **collège de Guyenne,** un des premiers de France. Il y reçoit les leçons de plusieurs grands maîtres, comme Buchanan. Il y reste sept ans, puis fréquente la **faculté des arts de Bordeaux** et bénéficie de l'enseignement de l'humaniste Muret.

1549 — Montaigne suit les cours de la faculté de droit de Toulouse.

1554 — Création d'une cour des aides à Périgueux. Montaigne, âgé de vingt et un ans, y est nommé conseiller.

1557 — Après la suppression de la cour des aides de Périgueux, il est versé dans les rangs du **parlement de Bordeaux,** où il se lie d'amitié avec son collègue La Boétie.

1559 — Voyage de Montaigne à la Cour, à Paris et à Bar-le-Duc, suivi d'un autre voyage à la Cour en 1561, motivé par une mission qui concerne les troubles religieux de Guyenne. Montaigne reste un an et demi à Paris. Il conçoit peut-être de grandes ambitions politiques.

1563 — Mort de La Boétie. Montaigne fait une relation de cette mort (18 août) à son père.

1565 — Montaigne épouse Françoise de La Chassaigne, fille d'un de ses collègues. Il aura d'elle six filles, dont une seule vivra.

1568 — Mort du père de Montaigne. Michel devient propriétaire et seigneur de Montaigne.

1569 — Montaigne publie sa **traduction de la *Théologie naturelle*,** ouvrage latin de **Raymond Sebond,** professeur espagnol qui avait enseigné à Toulouse au début du XVe siècle.

1570 — Montaigne **résigne sa charge** de conseiller au parlement de Bordeaux. Il vient à Paris pour y publier les poésies latines et les traductions de La Boétie.

★⋆★

1571 — Retraite de Montaigne.

1572-1573 — Rédaction de la plus grande partie du **livre premier des** *Essais.*

1574 — Guerre civile : Montaigne rejoint une des armées catholiques; il participe à la reprise de Fontenay-le-Comte aux huguenots. Il est chargé par le duc de Montpensier d'une mission auprès du parlement de Bordeaux.

© *Librairie Larousse,* 1972.   ISBN 2-03-034685-3

1576 — Il écrit une **partie de l'Apologie de Raymond Sebond.** Période de scepticisme et de doute.

1578 — Montaigne commence à souffrir de la maladie de la pierre.

1580 — Publication des *Essais,* **première édition,** en deux livres, à Bordeaux. — Le 22 juin, Montaigne part pour un **long voyage** de santé et d'agrément aux eaux de France (Plombières), de Suisse (Baden), passe par la Bavière (Munich) et traverse les Alpes pour arriver à Venise (5 novembre) et aboutir à Rome (30 novembre).

1581 — Séjour et excursions **en Italie;** à partir de mai, Montaigne fait une cure aux bains de Lucques. Le 7 septembre, à Lucques, il apprend son **élection à la mairie de Bordeaux.** Retour en France. Montaigne a écrit ou dicté **pendant son voyage un** *Journal,* qu'il ne destinait pas à la publication, mais qui fut imprimé en 1774.

*
* *

1581-1583 — Première mairie de Montaigne.

1582 — Montaigne fait partie de la cour de justice de Guyenne. De Thou, qui en fait également partie, se lie avec Montaigne et déclare dans son *Histoire* qu'il « tira bien des lumières de Michel de Montaigne, alors maire de Bordeaux, homme franc, ennemi de toute contrainte, et qui n'était entré dans aucune cabale, d'ailleurs fort instruit de nos affaires, principalement de celles de la Guyenne, sa patrie, qu'il connaissait à fond ». — Deuxième édition des *Essais* à Bordeaux.

1583 — Montaigne est réélu maire pour deux ans, honneur fort rare.

1584 — Visite du roi de Navarre au château de Montaigne (19 décembre), Il y reste deux jours.

1585 — Montaigne mène de délicates négociations entre le roi de Navarre et le maréchal de Matignon, gouverneur de la Guyenne. — En juin, la peste éclate à Bordeaux; fuite générale. Montaigne, qui était absent, ne rentre pas. Pendant l'été, la peste fait rage dans toute la région, Montaigne doit quitter son château avec sa famille et ses serviteurs.

1586-1588 — Montaigne **écrit** les treize essais qui forment le **troisième livre** de son ouvrage.

1588 — Montaigne part pour Paris, en février; après la journée des Barricades, il accompagne le roi à Chartres et à Rouen; il assiste en spectateur aux états de Blois. — **Nouvelle édition des** *Essais,* augmentés d'un **troisième livre** et de nombreuses additions aux deux premiers.

1589-1592 — Montaigne **prépare une nouvelle édition des** *Essais* enrichie par un millier d'additions.

1592 — **Mort de Montaigne** en son château (13 septembre). Il expire en écoutant la messe qu'on célébrait devant lui.

*
* *

1595 — **Edition posthume des** *Essais* à Paris, par les soins de Pierre de Brach et de Mlle de Gournay.

Montaigne avait onze ans de moins que Joachim du Bellay, neuf ans de moins que Ronsard, douze ans de plus que Robert Garnier, dix-neuf ans de plus qu'Agrippa d'Aubigné.

MONTAIGNE ET SON TEMPS

	la vie et l'œuvre de Montaigne	le mouvement intellectuel et artistique	les événements politiques
1533	Naissance de Michel Eyquem de Montaigne au château de Montaigne (28 février).	Mariage du dauphin, le futur Henri II, avec Catherine de Médicis.	Henri VIII épouse Anne Boleyn. Avènement du tsar Ivan le Terrible.
1539	Entre au collège de Guyenne, à Bordeaux.	Marot traduit les *Psaumes*. Début de la construction du château de Saint-Germain.	L'ordonnance de Villers-Cotterêts fait du français la langue officielle.
1546	Suit probablement les cours de philosophie de la faculté des arts de Bordeaux.	Rabelais : le *Tiers Livre*. Mort de Luther.	Les jésuites au Brésil.
1549	Étudie le droit à Toulouse.	Du Bellay : *Défense et illustration de la langue française*. Jean Goujon achève la fontaine des Innocents, à Paris.	Henri II établit une chambre ardente au parlement de Paris, chargée d'instruire contre l'hérésie.
1554	Nommé conseiller à la cour des aides de Périgueux.	Ronsard : deuxième *Bocage*; *Mélanges*.	
1558	Début de l'amitié de Montaigne et de La Boétie, collègues au parlement de Bordeaux.	Du Bellay : *les Regrets*; *les Antiquités de Rome*.	Mort de Charles Quint. Guerre contre l'Angleterre et l'Espagne : reprise de Calais aux Anglais.
1559	Voyage à Paris. Suit François II à Bar-le-Duc.	Amyot : traduction des *Vies des hommes illustres*, de Plutarque.	Les églises protestantes de France se fédèrent. Paix du Cateau-Cambrésis (avril). Mort de Henri II (juillet).
1562	A Paris, fait profession de foi catholique devant le parlement. Suit le roi au siège de Rouen.	Ronsard : *Discours des misères de ce temps*. Naissance de Lope de Vega.	Massacre des huguenots à Wassy. Première guerre de religion.
1563	Mort de La Boétie (18 août).	Th. de Bèze : *Psaumes* (traduction en vers). Ronsard : *Réponse aux injures et calomnies*.	Édit de pacification d'Amboise. Assassinat de François de Guise. Elizabeth d'Angleterre organise l'Église anglicane.
1565	Mariage de Montaigne avec Françoise de La Chassaigne.	Ronsard : *Élégies*; *Mascarades et Bergeries*. Philibert Delorme construit les Tuileries.	Voyage de Catherine de Médicis et de Charles IX à travers la France. Révolte des Pays-Bas contre l'Espagne.

	Vie de Montaigne	Littérature et arts	Histoire
1569	Publie la traduction de la *Théologie naturelle* de Raymond Sebond.		Coligny, chef du parti protestant.
1570	Vend sa charge de conseiller au parlement de Bordeaux.	Mort de Philibert Delorme et du Primatice.	Coligny marche sur Paris. Édit de pacification de Saint-Germain : liberté de culte aux protestants.
1571	Se retire en son château.	Le Tasse compose la *Jérusalem délivrée*.	Coligny conseiller du roi. Philippe II vainqueur des Turcs à Lépante.
1572	Début de la composition des *Essais*.	Ronsard : *la Franciade*. Amyot : traduction des *Œuvres morales de Plutarque*.	Massacre de la Saint-Barthélemy (24 août).
1574	Participe à la reprise de Fontenay-le-Comte. Chargé de mission par le duc de Montpensier auprès du parlement de Bordeaux.	Arrivée en France de la troupe italienne des « Gelosi ».	Mort de Charles IX; avènement de Henri III.
1580	Publie à Bordeaux les deux premiers livres des *Essais*. Part en voyage le 22 juin (Suisse, Bavière, Italie, Rome).	Robert Garnier : *Antigone*. Bernard Palissy : *Discours admirables de la nature des eaux et fontaines*.	Prise de Cahors par Henri de Navarre. Paix de Fleix, qui accorde aux protestants pour six mois des places de sûreté.
1581	Séjourne en Italie (Lucques). Apprend son élection à la mairie de Bordeaux (septembre) et regagne la France.	Baïf : *Mimes, enseignements et proverbes*.	Les Provinces-Unies des Pays-Bas proclament leur indépendance à l'égard de l'Espagne.
1582	Deuxième édition des *Essais* à Bordeaux.	Odet de Turnèbe : *les Contents*, comédie.	Grégoire XIII institue le calendrier grégorien.
1583	Réélu maire de Bordeaux.	Robert Garnier : *les Juives*.	
1585	Peste à Bordeaux et dans la région. Il quitte son château.	Mort de Ronsard.	Reprise de la guerre. Les Princes ligueurs alliés à Philippe II publient le manifeste de Péronne.
1588	Voyage à Paris. — Publication des trois livres des *Essais*.	Mort de Dorat et de Véronèse.	Journée des Barricades (12 mai). Henri III quitte Paris. Assassinat du duc de Guise à Blois (23 déc.). Désastre de l'Invincible Armada.
1589	Commence à préparer une nouvelle édition des *Essais*.		Assassinat de Henri III. Siège de Paris, tenu par les ligueurs.
1592	Mort de Montaigne, dans son château (13 septembre).	Guillaume du Vair : *Philosophie morale des stoïques*. Naissance de Jacques Callot.	La Ligue tient Henri IV en échec devant Paris et Rouen.

BIBLIOGRAPHIE SOMMAIRE

———————

Pierre Villey — *les Sources et l'évolution des « Essais » de Montaigne* (Paris, Hachette, 2 vol., 1908).

Fortunat Strowski — *Montaigne* (Paris, Alcan, 1906). — *Pascal et son temps :* tome Ier, « De Montaigne à Pascal » (Paris, Plon, 1909).

Gustave Lanson — *les « Essais » de Montaigne* (Paris, Mellottée, 1929).

Jean Plattard — *Montaigne et son temps* (Paris, Boivin, 1933).

Pierre Moreau — *Montaigne, l'homme et l'œuvre* (Paris, Boivin, 1939).

Francis Jeanson — *Montaigne par lui-même* (Paris, Ed. du Seuil, 1951).

Albert Thibaudet — *Montaigne* (Paris, Gallimard, 1963).

ESSAIS
1580-1588-1595

NOTICE

CE QUI SE PASSAIT ENTRE 1572 ET 1592

■ EN POLITIQUE. En France : Depuis dix ans, guerres de religion. Après plusieurs tentatives d'accord, la guerre reprend; massacre de la Saint-Barthélemy (24 août 1572). Mort de Charles IX (1574) et avènement de Henri III (1574). Les guerres de religion prennent un caractère de plus en plus politique : elles ont pour conséquence l'abaissement du pouvoir royal, menacé par la reconstitution du parti protestant et la formation de la Ligue catholique (1576). A la mort du duc d'Anjou (1584), Henri de Navarre devient l'héritier de la Couronne. Émotion chez les catholiques, qui concluent un traité avec Philippe II (1585) et s'opposent à Henri III. Après la journée des Barricades (12 mai 1588), le roi doit s'enfuir de Paris. Il se venge en faisant assassiner le duc de Guise (23 décembre 1588), mais meurt lui-même assassiné par le moine fanatique Jacques Clément (2 août 1589). Henri de Navarre essaie de se concilier les catholiques par la déclaration de Saint-Cloud, mais doit entreprendre la conquête de son royaume.

À l'étranger : Plusieurs pays étrangers connaissent eux aussi des guerres de religion, comme les Pays-Bas, dont les provinces du Nord se soulèvent contre Philippe II d'Espagne. Celui-ci tente de s'opposer à la reine d'Angleterre, mais son expédition échoue (défaite de l'Armada, 1588). Elizabeth établit en Angleterre l'Église anglicane.

■ EN LITTÉRATURE. En France : Henri III n'accorde pas à Ronsard la faveur dont il jouissait auprès de Charles IX. Depuis 1574, retraite de Ronsard, qui publie cependant les Sonnets pour Hélène (1578). Une nouvelle génération de poètes apparaît avec les « Nonchalants », qui cultivent une poésie plus libre et familière que celle de Ronsard; parmi eux, Desportes, le poète favori d'Henri III, publie ses Premières Œuvres (1573). La poésie baroque brille d'un vif éclat à partir de 1572 avec les poètes protestants d'Aubigné et Du Bartas : en 1572, le premier a la *vision d'où sortirent* les Tragiques; *le second publie en 1579 la Semaine ou la Création. Jean de Sponde, protestant converti au catholicisme, compose une œuvre brève mais riche où l'amour et la mort sont les thèmes essentiels d'inspiration.*

La tragédie française qui a commencé avec Jodelle, s'affirme avec Robert Garnier (les Juives, 1583).

Pierre Larivey publie en 1579 six comédies imitées des Italiens : Les Esprits sont une des plus connues.

À l'étranger : *Naissance du théâtre anglais avec Marlowe (mort en 1593), qui ouvre la voie à Shakespeare. Celui-ci compose avant 1592 Henri VI, Richard III et la Mégère apprivoisée.*

■ ***DANS LES ARTS*** : *Germain Pilon sculpte la statue du chancelier de Birague (1583-1585).*

En Italie, le Tintoret peint les tableaux du couvent de Saint-Roch. Titien meurt en 1576. Naissance de Franz Hals, en Flandre (1580).

PUBLICATION DES « ESSAIS »

L'homme qui, en 1570, résigne sa charge de conseiller au parlement de Bordeaux et décide de se retirer au château de Montaigne n'est encore qu'une notabilité locale. La librairie de Montaigne nous a laissé un précieux document sur les circonstances de sa retraite; voici la traduction de ce texte latin :

« L'an du Christ 1571, âgé de trente-huit ans, la veille des calendes de Mars, anniversaire de sa naissance, Michel de Montaigne, las depuis longtemps déjà de sa servitude du parlement et des charges publiques, en pleines forces encore, se retira dans le sein des doctes vierges où, en repos et sécurité, il passera les jours qui lui restent à vivre. Puisse le destin lui permettre de parfaire cette habitation, ces douces retraites de ses ancêtres, qu'il a consacrées à sa liberté, à sa tranquillité, à ses loisirs! »

Les *Essais*, ce livre de raison, voient le jour peu à peu, capricieusement, au hasard des lectures et des méditations, dans cette retraite qu'il ne faut pas imaginer comme une tour d'ivoire; puis, en 1580, chez l'éditeur bordelais Simon Millanges, paraissent les deux premiers livres. Le succès en fut restreint. Montaigne, passant par Paris afin de lancer son livre, recueille cependant les félicitations de Henri III. Il lui répond : « Sire, il faut donc que je plaise à Votre Majesté, puisque mon livre lui est agréable, car il ne contient autre chose qu'un discours de ma vie et de mes actions. »

Les années de voyage (1580-1581) et la mairie de Bordeaux ne laissent pas à Montaigne le loisir de poursuivre la composition de ce livre. Mais deux nouvelles éditions des *Essais* paraissent, l'une à Bordeaux (1582), l'autre à Paris (1587), enrichies de quelques additions.

Une nouvelle retraite commence pour Montaigne en 1586. Dans les deux années qui suivent, il écrit les treize essais qui formeront le troisième livre de son ouvrage. La nouvelle édition des *Essais* « augmentée d'un troisième livre et de six cents additions aux deux premiers » paraît en 1588 chez un éditeur parisien. Le succès des *Essais* encourage Montaigne à continuer son œuvre. Sur un exemplaire de cette édition, connu sous le nom d'*exemplaire de Bordeaux*, il consigne en vue d'une autre édition des corrections et des additions souvent importantes. La mort l'empêche de mener cette tâche à bien. Mais un ami bordelais, Pierre de Brach, et sa « fille d'alliance », Mlle de Gournay, assurèrent l'édition posthume des *Essais* (1595) d'après l'exemplaire de Bordeaux, avec lequel ils prirent d'ailleurs des libertés. Ce fut cette édition qui fut réimprimée pendant trois siècles. Il fallut en effet attendre l'édition dite « municipale », œuvre de Strowski, Gebelin et Villey (1908-1920), pour que l'on revienne au manuscrit de Montaigne, base de toutes les éditions qui suivirent.

COMPOSITION DES « ESSAIS »

On aimerait surprendre Montaigne dans la rédaction d'un essai. Lui-même a pris soin d'ailleurs de nous introduire à plusieurs reprises dans sa librairie. Mais on aurait tort de penser que les livres seuls ont présidé à la genèse des *Essais*. En fait, ils puisent aussi bien dans l'observation du monde que dans l'expérience interne.

Montaigne n'a pas conçu, dès le début, la nature ni le nom même de l'essai. De quoi s'agissait-il dans les années qui suivirent 1572 ? De consigner sur le papier, de « mettre en rôle » (I, chap. VIII) des « fantaisies informes et irrésolues » (I, chap. LVI), à la manière des compilateurs et des faiseurs d'extraits anciens et modernes. Nous voyons Montaigne se plaindre que son esprit fait le « cheval échappé » (I, chap. VIII), et il est bien vrai que ces essais ne sont pas marqués au coin de la méthode.

Quels sont donc les livres lus par Montaigne ? Il nous les cite lui-même dans un des chapitres (« Des livres », II, chap. X), et un de ses plus grands interprètes, Villey, a pu reconstituer la bibliothèque de Michel de Montaigne, ainsi que l'ordre de ses lectures. Elles sont extrêmement variées. Montaigne trouve son bien partout, chez les modernes comme chez les anciens, chez les poètes comme chez les philosophes, ou même les simples compilateurs. On peut cependant fixer un ordre et des préférences. Montaigne commence les *Essais* en pleine guerre civile, et il s'intéresse aux affaires politiques et militaires. Il lit de près les *Mémoires* des frères du Bellay, ainsi que Jean Bouchet, historien de l'Aquitaine, et Guichardin, historien de l'Italie. Mais déjà Sénèque et Plutarque sont ses livres de chevet; s'il lit aisément l'auteur latin dans le texte, il a recours pour Plutarque à la traduction d'Amyot. Celui-ci, après avoir traduit les *Vies parallèles,* donne en 1572 les *Œuvres morales* de Plutarque, et Montaigne ne cesse de féliciter Amyot « pour la naïveté et pureté du langage », « pour la constance d'un si long travail », « pour la profondeur de son savoir » (II, chap. IV), mais surtout pour avoir fait connaître un tel livre en France.

Montaigne puise chez Plutarque des anecdotes, des exemples moraux, un contact presque quotidien avec la vie de l'Antiquité. Plutarque balance un peu l'influence plus austère de Sénèque, où Montaigne cherche des leçons de stoïcisme. Il ne faut pas oublier cependant la prédilection de Montaigne pour les poètes, qu'ils se nomment Horace, Lucrèce ou Virgile, et pour les historiens latins, Suétone surtout à cette époque.

Une lecture très importante se situe dans les années 1575-1576, celle des *Hypotyposes pyrrhoniennes,* de Sextus Empiricus, manuel de scepticisme, qui précise une évolution commencée depuis plusieurs années. Le doute sur la possibilité de la connaissance, sur sa valeur, la conscience aiguë de la relativité des usages et des croyances inspirèrent les pages de l'*Apologie de Raymond Sebond,* dont une partie est écrite en 1576. Dès cette époque, Montaigne connaît les livres qui garderont sa préférence et où il puisera des réflexions, des citations ou des anecdotes. De plus en plus, cependant, il lit les historiens de l'Antiquité, Hérodote pour les Grecs, César, Tite-Live, Tacite pour les Latins. Parmi les philosophes, Aristote et Platon sont peut-être moins appréciés que Cicéron. Enfin, au siècle des grandes découvertes, Montaigne manifeste un très vif intérêt pour les récits de voyages et d'explorations, comme l'*Histoire des Indes,* de Lopez de Gomara.

On ne peut prétendre faire une liste exhaustive des lectures de Montaigne. Et d'ailleurs Montaigne n'est pas un pédant. Ce que cherche l'auteur des *Essais* dans la lecture, c'est le plaisir d'un honnête homme et le point de départ d'une réflexion capricieuse, « à sauts et à gambades », qui fait le charme et l'originalité des *Essais.*

La librairie de Montaigne n'est cependant pas un refuge suffisant contre les tribulations de l'histoire. Montaigne les connaît, que ce soit comme maire de Bordeaux, comme ami du roi de Navarre, ou, plus simplement, comme seigneur de Montaigne. Sa réflexion naît bien souvent du spectacle de son temps. Une curiosité sans cesse en éveil fait de lui un citoyen de son pays et un citoyen du monde. Les guerres de religion, les luttes politiques qui les accompagnent retiennent surtout son attention. Elles expliquent bien des aspects de sa pensée, sa prudence politique, son dégoût de la « nouvelleté », son souci constant de « festoyer la vérité » (III, chap. VIII), où qu'elle se trouve, sans être pour cela au-dessus de la mêlée. Mais Montaigne a trop ce sens de la relativité pour se limiter à ce canton du monde où il se trouve. Il nous a présenté ce plaisant curé de campagne qui pense que les cannibales ont soif quand les vignes gèlent en son village. C'est pourquoi il voyage pendant près de deux ans,

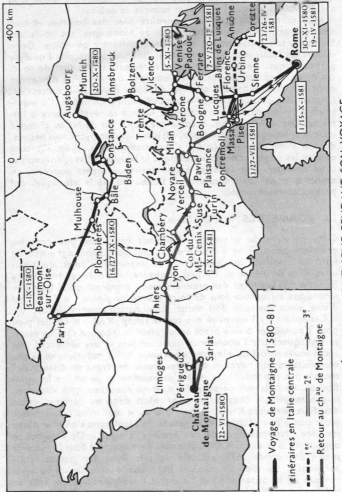

L'ITINÉRAIRE DE MONTAIGNE PENDANT SON VOYAGE

Voyage de Montaigne (1580-81)

Itinéraires en Italie centrale
- - - - 1er
———— 2e
→→→→ 3e

Retour au châu de Montaigne

400 km

Beaumont-sur-Oise 5-IX-1580
Plombières 16/27-IX-1580
Augsbourg · Munich 20-X-1580
Venise 5-XI-1580
Col du Mt-Cenis · Suse 1-XI-1581
Florence 7-V/20-17-1581
Massa · Pise 3/27-VII-1581
Lucques · Bains de Lucques
Urbino
Lorette 23/26-IV-1581
Rome 30-XI-1580 19-IV-1581 1/15-X-1581

Château de Montaigne 22-VI-1580

attentif à tout ce qu'il voit et entend ; rien ne ressemble moins à la vie de Montaigne que la vie d'un homme de cabinet.

Mais si les *Essais* nous font connaître bien des hommes et bien des époques, c'est avant tout Michel de Montaigne, ses goûts, ses humeurs, son tempérament qu'ils nous invitent à connaître. On a dit que les *Essais* inauguraient dans la littérature française l'analyse psychologique. Certainement peu d'hommes ont mis tant de souci à s'épier, à se surprendre, à « s'attendre à soi ». Peu d'hommes aussi ont plus nettement senti la difficulté d'une telle entreprise. L'auteur des *Essais* s'échappe continuellement à lui-même, l'« inquisition » lui est pénible, et parfois le hasard le révèle mieux à lui-même. Depuis le portrait, si complexe, qu'il fait de lui au chapitre « De la présomption » (II, chap. XVII) jusqu'aux analyses, très neuves, de son évanouissement (« De l'exercitation », II, chap. VI), sans oublier les pages, si nombreuses dans le troisième livre, consacrées à sa vieillesse, tout dans les *Essais* prend un aspect nouveau, un aspect que les contemporains, à l'aube du siècle classique, ont particulièrement goûté.

LA FORME DES « ESSAIS »

Cette peinture du « moi » n'apparaît cependant pas dans les premiers essais. Il ne s'était d'abord agi pour Montaigne que de faire les essais de son jugement. Peu importait le sujet, qu'il soit « vain et de néant », ou, au contraire, « noble et tracassé » (I, chap. L). Les titres des premiers essais montrent assez bien que Montaigne est encore loin de faire œuvre originale : « Si le chef d'une place assiégée doit sortir pour parlementer » (chap. V) ; « Cérémonie de l'entrevue des rois » (chap. XIII) ; « On est puni pour s'opiniâtrer à une place sans raison » (chap. XV). Ces essais se distinguent par l'abondance des exemples et des sentences, des récits souvent fort développés, empruntés à des historiens ou à des compilateurs ; on retrouve dans ces essais des types de dissertation morale très répandus : on part d'un exemple et on en tire la signification. La réflexion personnelle n'est qu'ébauchée ; très vite Montaigne se réfugie chez les Anciens. Mais dans les derniers essais des deux premiers livres, la peinture du « moi » va prendre une place peu à peu décisive, et la pensée de Montaigne s'affirme d'une manière plus indépendante des Anciens. L'essai « De l'institution des enfants » (I, chap. XXVI), composé certainement dans la seconde moitié de l'année 1579, est déjà dans la ligne des grands essais personnels. De plus en plus, la libre confidence, l'essai-causerie remplacent la dissertation et l'appel à l'expérience personnelle se fait de plus en plus fréquent. A-t-il le droit de parler de lui, « homme de la commune façon » ? Oui, répond-il dans l'essai « Du démentir » (II, chap. XVIII), parce qu'il ne s'adresse qu'à ses proches, ses amis, et surtout parce que son livre l'a fait, autant que lui son livre, et qu'on ne perd jamais son temps à s'entretenir de soi « si continuellement, si curieusement ». Peu après, il découvre une autre raison à ce projet. Chaque homme porte la forme entière de l'humaine condition » (III, chap. II). D'où sa volonté renouvelée de « réciter l'homme » (III, chap. II), dans des essais où la richesse de la pensée est de plus en plus manifeste, essais nourris d'une vie maintenant longue et d'une expérience politique et humaine incontestable.

LA PENSÉE DE MONTAIGNE

Les *Essais* ont mis vingt ans à former leur auteur. Cela implique une certaine évolution des idées, qu'il n'est pas toujours facile de saisir chez un homme dont l'ondoyance est la maîtresse forme. Mais il est certain qu'on voit se dessiner peu à peu, en lisant les *Essais*, une philosophie de Montaigne.

On a coutume de distinguer trois phases, dans l'évolution de la pensée de Montaigne : il aurait d'abord été stoïcien, sous l'influence de Sénèque, puis la lecture de Sextus Empiricus et d'autres livres aurait fait naître en lui une crise sceptique. Sa philosophie définitive aurait consisté ensuite dans un refus de ces deux systèmes; elle aurait fait confiance à la nature pour assurer à l'homme une vie heureuse. C'est accorder peut-être trop d'importance aux premiers pas de Montaigne et ne pas voir le mouvement d'un esprit en quête de sa véritable autonomie.

Certes, l'auteur des premiers essais a trouvé dans le stoïcisme une morale à son goût : elle le délivre des apparences, lui donne le courage de regarder les choses telles qu'elles sont, ou plutôt telles qu'elles sont formées par l'homme. La mort n'a en elle rien de terrible, c'est nous qui la faisons telle. Pour Montaigne, qui vit dans la pensée de la mort, cette découverte a tout d'une délivrance. Il se plaît à rechercher les morts altières, celle de Caton, celles de contemporains. Ce qui se révèle à Montaigne, c'est le pouvoir de la volonté humaine, plus fort que la douleur, que la torture, que la pauvreté. Une telle morale, au siècle des guerres de religion, n'était pas sans valeur concrète. La vie ne devient possible que dans la préméditation incessante de la mort : paradoxe qui est pourtant un des articles du credo de Montaigne à cette époque. Mais ne nous y trompons pas, ce stoïcisme, s'il fait de la mort la préoccupation du sage, est, selon la formule de Lanson, le « stoïcisme d'un voluptueux ». C'est la crainte de la mort, le « désir de vivre à son aise, la recherche du contentement intérieur qui l'ont engendré ». Ce sont eux aussi qui vont en détacher Montaigne.

Il y a en effet trop de raideur dans la vertu d'un Caton, trop peu de réalisme dans une philosophie qui prétend nier la douleur, extirper les passions et faire bon marché de la santé. La philosophie de Montaigne doit tenir compte de son tempérament et composer avec lui. Or le stoïcisme, s'il trouve au temps de Montaigne un regain de faveur, ne convient pas à cet homme de la commune sorte. Montaigne se défie des ambitions de l'esprit. Dans le même temps, il est de plus en plus sensible à l'emprise sur l'homme de la coutume de l'imagination, des apparences. S'il y a un scepticisme de Montaigne, c'est un scepticisme permanent, une sorte de réaction salutaire contre le dogmatisme toujours séduisant. L'*Apologie de Raymond Sebond* (II, chap. XII) occupe une place très particulière dans les *Essais,* parce qu'elle est une sorte de mise en forme de ce scepticisme. En aucun cas, cependant, il ne s'agit chez Montaigne d'un scepticisme radical. Il ne décourage pas la quête de la vérité, il lui donne seulement plus de lucidité. « Le monde n'est qu'une école d'inquisition », dit Montaigne dans « l'Art de conférer » (III, chap. VIII). Mais dans cette recherche de la vérité, Montaigne obéit à quelques tendances profondes.

Et d'abord il s'agit de « savoir être à soi » (I, chap. XXXIX). C'est une des grandes idées de Montaigne. Il avoue qu'elle le rend assez inapte aux exigences de la vie sociale, mais il ne serait pas l'admirateur de Socrate s'il n'avait pas repris le conseil de l'oracle de Delphes : « Qui ne s'entend en soi, en quoi se peut-il entendre ? » (II, chap. XII). L'introspection lui révèle l'étrangeté de l'être, sa fluidité, ses contradictions, ses « lopins » (II, chap. I). Elle lui apprend aussi l'étroite dépendance de l'esprit au corps. Leçon d'humilité, certes, mais Montaigne ne s'en tient pas là. Il lui faut un outil sûr pour la connaissance de soi et des autres. Cet outil, c'est le jugement. Dans sa pédagogie, Montaigne réserve au jugement une place de choix, et s'il critique très souvent l'organisation des collèges de son temps, c'est parce qu'on y forme des pédants et non des hommes. C'est pourtant dans ce pouvoir de juger que réside la plus haute activité de l'esprit. Montaigne ne se lasse pas de réfléchir sur les faits que lui offre une double expérience : celle de son temps, celle de l'histoire, mais une expérience vécue en humaniste, condition de la connaissance de l'homme. Ce qui intéresse avant tout Montaigne, après Rabelais et les grands humanistes, c'est cette pierre vive que l'est l'homme. La philosophie de Montaigne est avant tout à son service, et pour sa défense.

Humaniste, cette conception de la philosophie joyeuse et riante, cette « éjouissance constante » où on retrouve l'élan de la Renaissance et sa confiance en l'homme, cet éloge de la vertu où Montaigne rompt avec les rigueurs médiévales, peut-être même aussi avec les ambitions de la Pléiade. Et ce souci du corps, où Montaigne l'a-t-il puisé, sinon dans la fréquentation des Anciens et dans la ferveur des premiers humanistes ? « L'âme qui loge la philosophie doit par sa santé rendre sain encore le corps » (I, chap. XXVI).

Humaniste, cette morale qui veut défendre en l'homme sa dignité de créature de Dieu. Les plus belles pages de Montaigne sont peut-être les critiques si lucides de la torture, de la cruauté, des violences de toutes sortes, qu'elles s'exercent dans le nouveau ou dans l'ancien

monde. Au siècle des guerres de religion, Montaigne essaie de sauve-
garder sa liberté de jugement et son indépendance. S'il est une
règle dans ces *Essais*, c'est une règle de prudence intellectuelle;
pour Montaigne, l'observation des hommes n'est jamais finie, et
avec elle la découverte de leur richesse intérieure. « Nous sommes
chacun plus riches que nous ne pensons » (III, chap. XII). Sachons
donc être à nous. Montaigne peut donner ce conseil, après les années
consacrées au parlement et à la mairie de Bordeaux.

S'il est un domaine où Montaigne reste sceptique, c'est bien celui
de la politique. Les guerres civiles lui ont appris combien il est difficile de concilier l'utile et l'honnête. Machiavel sommeille en tout
politique. Mais surtout la « nouvelleté » n'a jamais eu la faveur
de Montaigne. Il en a vu trop d'effets dommageables à son époque,
et la complexité des phénomènes sociaux et politiques ne l'encourage
pas à prôner ou à soutenir des réformes profondes.

La même défiance quant au pouvoir de la raison se manifeste
dans une foi qu'on a parfois eu tort de mettre en doute. Montaigne
est chrétien, mais le divorce entre la foi et la raison, particulièrement manifeste dans l'« Apologie de Raymond Sebond », apparaît
très souvent dans les *Essais*. La foi, pour Montaigne, est un fait,
une histoire, une tradition, et il ne faut en aucun cas laisser la
raison mordre sur elle. Certes, la position de Montaigne n'est pas
toujours claire. Chez lui, comme chez beaucoup d'écrivains du
XVIᵉ siècle un éloge fréquent de la nature semble mal s'accorder
à la croyance au péché originel. Mais, pour Montaigne, il n'y a pas
de contradiction. Le dernier mot de sa philosophie est une confiance
chrétienne en la nature et en Dieu. A la fin de sa vie, Socrate a,
dans son admiration, remplacé Caton. « Saint Socrate », pourrait-il
dire après les humanistes du début du siècle. Il lui montre notamment
le secret de la véritable mort. Il lui est un exemple, quand Montaigne
cherche à conquérir sa liberté intérieure, à jouir nonchalamment
de la vie grâce à un savoir-vivre qui est aussi un savoir-mourir.

L'ART DE L'ÉCRIVAIN DANS LES « ESSAIS »

Le style de Montaigne est certainement avec celui de Rabelais une
des plus belles réussites de la langue au XVIᵉ siècle. Montaigne n'est
pas cependant un écrivain de profession. L'action pour lui vaut
mieux que l'écriture ou la parole. Son antipathie pour Cicéron
montre bien qu'il n'aime guère ce type de l'homme de lettres.
Montaigne n'écrit d'ailleurs pas pour les doctes, mais pour les
honnêtes gens, et s'il est écrivain, son style est bien particulier :
« J'ai naturellement un style comique et privé, mais c'est d'une forme
mienne » (I, chap. XL). Cependant, Montaigne a du style le sens le
plus vif. Il aime celui de César et celui de Lucrèce : chez le premier
il trouve « la pureté et inimitable polissure » (I, chap. X), chez
le second « un langage tout plein et gros d'une vigueur naturelle

et constante » (III, chap. V). La fréquentation des Anciens lui fait parfois juger sévèrement son style. Il s'aperçoit que celui de ses premiers *Essais* n'est pas personnel, car il imite parfois les cadences de Salluste et la concision de Tacite. Bientôt, Plutarque lui donne l'exemple d'un style naturel, qui sera désormais le sien.

Le projet de se peindre détermine aussi son idéal de style : il faut écrire comme on vit, mais l'ondoyance de l'homme doit aussi se refléter dans le style. Ici comme ailleurs Montaigne obéit à une exigence de sincérité : « Le parler que j'aime, c'est un parler simple et naïf, tel sur le papier qu'à la bouche; un parler succulent et nerveux, court et serré, non tant délicat et peigné comme véhément et brusque » (I, chap. XXVI).

Montaigne trouve une langue qui avait peu servi encore à l'expression des idées, il l'enrichit par le recours aux expressions populaires, l'emploi fréquent du vocabulaire de la chasse et de la guerre, parfois même du patois. La règle de son art est la fidélité à la nature : « Si j'étais du métier je naturaliserais l'art autant comme ils artialisent la nature » (III, chap. IX). D'où cette démarche capricieuse, cette ligne onduleuse et brisée, ces digressions voulues (« je m'égare, mais plutôt par licence que par mégarde » III, chap. IX), ces retours inattendus. Style tout en mouvement, fidèle à une pensée qui se crée et crée sa forme, tout en clair obscur aussi comme Montaigne. Le prix des *Essais*, c'est justement cette manière où le style ne se sépare pas de l'homme. Montaigne nous donne le plaisir de lutter avec un texte difficile, de trouver cet ordre naturel où se cache une pensée qu'il ne nous livre qu'à demi.

La présente édition d'extraits comporte trois volumes, correspondant à chacun des trois livres des *Essais*.

Le texte est celui de l'édition de Bordeaux. Les chiffres romains qui jalonnent le texte indiquent les états successifs du texte que Montaigne n'a cessé d'enrichir :

le chiffre I correspond au texte de 1580;

le chiffre II se trouve au début des phrases ou membres de phrases ajoutés dans l'édition de 1588;

le chiffre III se trouve au début des textes ajoutés par Montaigne en vue d'une troisième édition (exemplaire de Bordeaux).

Les sous-titres entre crochets ne sont pas de la main de Montaigne; ils peuvent faciliter l'étude du texte, qu'ils subdivisent en vue de l'explication.

L'orthographe de la présente édition a été modernisée.

ESSAIS

AVIS AU LECTEUR

Je vais parler de moi!

I C'est ici un livre de bonne foi, lecteur. Il t'avertit
dès l'entrée que je ne m'y suis proposé aucune fin,
que* domestique et privée. Je n'y ai eu nulle considération de ton service, ni de ma gloire. Mes forces
5 ne sont pas capables d'un tel dessein. Je l'ai voué à
la commodité* particulière de mes parents et amis :
à ce que* m'ayant perdu (ce qu'ils ont à faire bientôt)
ils y puissent retrouver aucuns* traits de mes conditions et humeurs*, et que par ce moyen ils nourrissent
10 plus entière et plus vive la connaissance qu'ils ont
eue de moi. Si c'eût été pour rechercher la faveur
du monde, je me fusse mieux paré et me présenterais
en une marche étudiée. Je veux qu'on m'y voie en
ma façon simple, naturelle et ordinaire, sans conten-
15 tion* et artifice : car c'est moi que je peins. Mes
défauts s'y liront au vif, et ma forme naïve*, autant
que la révérence publique* me l'a permis. Que si
j'eusse été entre ces nations qu'on dit vivre encore
sous la douce liberté des premières lois de nature,
20 je t'assure que je m'y fusse très volontiers peint tout
entier, et tout nu. Ainsi, lecteur, je suis moi-même
la matière de mon livre : ce n'est pas raison* que
tu emploies ton loisir en un sujet si frivole et si
vain ; à Dieu donc.

* sinon

* profit
* afin que
* quelques
* manières d'être
et goûts

* effort
* manière d'être
spontanée
* le respect du
public

* raisonnable

De Montaigne, ce premier de mars mille cinq cent
quatre-vingts.

QUESTIONS

SUR L'AVIS AU LECTEUR. — Montrez l'originalité du projet de Montaigne.
Quel est le but des *Essais*, selon cet Avis au lecteur ? Comparez ce passage,
écrit au moment de la publication de la première édition (mars 1580),
à l'essai III, II.

LIVRE PREMIER

CHAPITRE PREMIER

Through diff.
means come to
one end

PAR DIVERS MOYENS
ON ARRIVE À PAREILLE FIN

[...] **¹** Certes, c'est un sujet merveilleusement
vain*, divers** et ondoyant, que l'homme. Il est   * vide
(undulating)   ** contradictoire
malaisé d'y fonder jugement constant et uni-
forme. Voilà Pompée qui pardonna à toute la
5 ville des Mamertins¹, contre laquelle il était fort
animé, en considération de la vertu et magnanimité du citoyen Zénon, qui se chargeait seul de la
faute publique, et ne requérait* autre grâce que   * demandait
d'en porter seul la peine. Et l'hôte² de Sylla
10 ayant usé en la ville de Pérouse³ de semblable
vertu, n'y gagna rien, ni pour soi ni pour les
autres.

II Et directement contre mes premiers exemples,
le plus hardi des hommes et si gracieux* aux   * porté à faire
15 vaincus, Alexandre, forçant après beaucoup de   grâce
grandes difficultés la ville de Gaza, rencontra
Betis qui y commandait, de la valeur duquel il
avait, pendant ce siège, senti des preuves merveil-
leuses, lors seul, abandonné des siens, ses armes
20 dépecées*, tout couvert de sang et de plaies,   * mises en pièces
(wounds)

---

1. *Mamertins* : habitants de Messine ; l'anecdote est racontée par Plutarque, *Instruction pour ceux qui manient affaires d'Etat* ; 2. *Hôte* : pour l'antiquité romaine, étranger qui avait des droits personnels à recevoir l'hospitalité d'un citoyen romain et à jouir de sa protection quand il venait à Rome ; 3. Autre anecdote tirée également de l'*Instruction pour ceux qui manient affaires d'Etat*, de Plutarque. En réalité, l'événement eut lieu à Préneste (ville du Latium), non à Pérouse, mais l'erreur se trouvait dans la traduction d'Amyot (édition de 1572) que lisait Montaigne. Préneste s'était révolté contre Sylla (82 avant J.-C.) et avait pris parti pour Marius le Jeune, fils adoptif du Grand Marius. Après la défaite des rebelles, cet *hôte de Sylla*, qui pouvait se réclamer de ce titre pour avoir la vie sauve, refusa la grâce que lui offrait le vainqueur, ne voulant rien devoir au meurtrier de son pays, et se fit massacrer avec les autres.

combattant encore au milieu de plusieurs Macé-
doniens, qui le chamaillaient* de toutes parts;   * frappaient
et lui dit, tout piqué d'une si chère victoire*,   * enflammé d'une
car entre autres dommages, il avait reçu deux   victoire qui lui
                                                  coûtait si cher
25 fraîches blessures sur sa personne : « Tu ne
mourras pas comme tu as voulu, Betis; fais état*   * tiens-toi pour
qu'il te faut souffrir toutes les sortes de tour-   assuré
ments qui se pourront inventer contre un captif. »
L'autre, d'une mine non seulement assurée, mais
30 rogue et altière, se tint sans mot dire à ces
menaces. Lors Alexandre, voyant son fier et
obstiné silence : « A-t-il fléchi un genou? lui
est-il échappé quelque voix* suppliante? Vrai-   * parole
ment je vaincrai ta taciturnité; et si je n'en puis
35 arracher parole, j'en arracherai au moins du
gémissement. » Et tournant sa colère en rage,
commanda qu'on lui perçât les talons, et le fit
ainsi traîner tout vif*, déchirer et démembrer   * vivant
au cul d'une charrette[1].
40   Serait-ce que la hardiesse lui fut si commune*   * habituelle
que, pour ne l'admirer point*, il la respectât   * parce qu'il ne
moins? **III** Ou qu'il l'estimât si proprement   l'admirât pas
sienne qu'en cette hauteur il ne put souffrir
de la voir en un autre sans le dépit d'une pas-
45 sion envieuse, ou que l'impétuosité naturelle
de sa colère fût incapable d'opposition? [...] **(1)**

---

1. Anecdote racontée par Quinte-Curce, *Vie d'Alexandre*, IV, VII; *Gaza*, ville de
Palestine, fut prise par Alexandre (332 avant J.-C.) après un siège très dur.

──────── **QUESTIONS** ────────

1. Ce passage, après l'indication du thème, est composé d'exemples.
Comment sont-ils choisis? Quel est leur but? Montrez la progression qui
existe entre la première série d'exemples (texte de 1580) et la seconde
(texte de 1588).

— Quelles explications Montaigne donne-t-il de la conduite d'Alexandre?
Choisit-il entre ces explications? Où retrouvez-vous le goût de Montaigne
pour les situations exemplaires et les grandes âmes? — Étudiez l'art du
récit dans l'anecdote d'Alexandre : la vigueur du vocabulaire, la sou-
plesse de la syntaxe, le style direct.

— Dans quelle mesure ce premier livre des *Essais* confirme-t-il cette
idée de l'« ondoyance » de l'homme?

CHAPITRE III

NOS AFFECTIONS[1] S'EMPORTENT
AU-DELÀ DE NOUS

[CONNAIS-TOI TOI-MÊME]

II Ceux qui accusent les hommes d'aller toujours béant après les choses futures, et nous
apprennent à nous saisir des biens présents et
nous rasseoir* en ceux-là, comme n'ayant aucune   * installer
5 prise sur ce qui est à venir, voire* assez** moins   * même ** beau-
que nous n'avons sur ce qui est passé, touchent   coup
la plus commune des humaines erreurs, s'ils
osent appeler erreur chose à quoi nature même
nous achemine, pour le service de la continuation
10 de son ouvrage, III nous imprimant, comme
assez d'autres, cette imagination fausse, plus
jalouse de notre action que de notre science*.   * savoir
II Nous ne sommes jamais chez nous, nous
sommes toujours au-delà. La crainte, le désir,
15 l'espérance nous élancent vers l'avenir, et nous   * prise
dérobent le sentiment et la considération* de ce   de conscience
qui est, pour nous amuser à* ce qui sera, voire   * détourner vers
quand nous ne serons plus. III « *Calamitosus est
animus futuri anxius*[2]. »
20   Ce grand précepte est souvent allégué en
Platon : « Fais ton fait* et te connais[3]. » Chacun   * fais ce que tu as
de ces deux membres enveloppe généralement   à faire
tout notre devoir, et semblablement enveloppe
son compagnon. Qui* aurait à faire son fait,   * celui qui
25 verrait que sa première leçon, c'est connaître
ce qu'il est et ce qui lui est propre. Et qui se
connaît, ne prend plus l'étranger fait* pour le   * ce qui est fait
sien ; s'aime* et se cultive avant toute autre   par un autre
                                                                   * il s'aime

---

1. *Affections :* sentiments ; 2. « Malheureux l'esprit tourmenté de l'avenir » (Sénèque.
Épitres à Lucilius, 98) ; 3. Platon, *Timée,* paraphrase du fameux : « Connais-toi toi-
même », de l'oracle de Delphes.

ESSAIS
DE MICHEL
DE MONTAI-
GNE.

LIVRE PREMI
second.

A BOVRDEA
Par S. Millanges Imprimeur ord
M.D.LXXX.
AVEC PRIVILEGE·D

FRONTISPICE DE LA PREMIÈRE ÉDITION (1580)
Bibliothèque de la Ville de Bordeaux.

chose; refuse les occupations superflues et les
30 pensées et propositions inutiles. « *Ut stultitia, etsi
adepta est quod concupivit, nunquam se tamen
satis consecutam putat : sic sapientia semper eo
contenta est quod adest, neque eam unquam sui
paenitet*[1]. »
35 Epicure[2] dispense son sage de la prévoyance
et sollicitude* de l'avenir. **(2)**   * inquiétude

[OBÉISSANCE ET ESTIME]

II Entre les lois qui regardent les trépassés,
celle-ci me semble autant solide*, qui oblige   * aussi solide que
les actions des princes à être examinées après   les autres
leur mort. Ils sont compagnons, sinon maîtres
40 des lois; ce que la justice n'a pu sur leurs têtes,
c'est raison* qu'elle l'ait sur leur réputation, et   * il est normal
biens de leurs successeurs : choses que souvent
nous préférons à la vie. C'est une usance* qui   * usage
apporte des commodités singulières aux nations
45 où elle est observée, et désirable à tous bons
princes **III** qui ont à se plaindre de ce qu'on
traite la mémoire des méchants comme la leur.
Nous devons la sujétion et l'obéissance également
à tous rois, car elle regarde leur office* : mais   * fonction
50 l'estimation*, non plus que l'affection, nous ne   * estime
la devons qu'à leur vertu. Donnons à l'ordre
politique de les souffrir patiemment indignes,
de celer leurs vices, d'aider de notre recommandation leurs actions indifférentes[3] pendant

---

1. « Comme la folie, quand on lui a octroyé ce qu'elle désire, ne se trouve pas
satisfaite, aussi la sagesse est-elle contente de ce qui est présent et ne se déplaît jamais
de soi. » (Cicéron, *les Tusculanes*, v, 18); 2. *Epicure* (341-270 avant J.-C.) : philosophe grec qui fonde sa morale sur la recherche du bonheur; il recommande l'usage
des plaisirs, à condition qu'ils soient naturels et nécessaires; 3. Accordons à l'ordre
politique qu'il faut les souffrir patiemment, qu'il faut cacher leurs vices, aider de
notre recommandation leurs actions indifférentes.

QUESTIONS

2. En quoi ce tableau de la condition humaine est-il pessimiste? — Cette
description est-elle nouvelle? Pourquoi Montaigne rencontre-t-il ici certains écrivains de l'Antiquité? — Montrez l'importance du précepte de
Socrate dans la sagesse de Montaigne.

55 que leur autorité a besoin de notre appui. Mais
notre commerce fini, ce n'est pas raison de
refuser à la justice et à notre liberté l'expression
de nos vrais ressentiments*, et nommément**
de refuser aux bons sujets la gloire d'avoir révé-
60 remment* et fidèlement servi un maître, les imper-
fections duquel leur étaient si bien connues : frus-
trant la postérité d'un si utile exemple. [...] (3) (4)

* sentiments
** particulière-
ment
* avec respect

CHAPITRE VIII
DE L'OISIVETÉ

[...] ¹ Dernièrement que je me retirai chez
moi¹, delibéré autant que je pourrais, ne me
mêler d'autre chose que de passer en repos et
à part* ce peu qui me reste de vie, il me sem-
5 blait ne pouvoir faire plus grande faveur à mon
esprit, que de le laisser en pleine oisiveté, s'entretenir soi-même, et s'arrêter et rasseoir en soi :
ce que j'espérais qu'il pût meshui* faire plus
aisément, devenu avec le temps plus pesant, et
10 plus mûr. Mais je trouve,

* à l'écart

* désormais

variam semper dant otia mentem²,

que³ au rebours, faisant le cheval échappé, il se
donne cent fois plus d'affaire à soi-même, qu'il

---

1. Dans son château de Montaigne, en 1571; 2. « Oisif, l'esprit toujours diverse-
ment foisonne » (Lucain, *la Pharsale*, IV, 704); 3. *Que* complète *je trouve.*

QUESTIONS

3. Comment Montaigne essaie-t-il de concilier ici la fidélité du sujet
et l'esprit critique d'un homme libre? — Montaigne pense-t-il qu'on
peut désobéir à un pouvoir injuste? Comment présente-t-il son idée
afin de la rendre acceptable par le prince? — Comparez ce passage avec
Pascal (*Pensées*, 114, éd. Lafuma) : « [...] Il faut obéir aux supérieurs,
non parce qu'ils sont justes, mais parce qu'ils sont supérieurs. »

4. SUR L'ENSEMBLE DE L'EXTRAIT DU CHAPITRE III. — Comparez à ce
passage l'extrait de Pascal (*Pensées*, 84, éd. Lafuma) cité dans la Documentation thématique. Quel est le rôle de la connaissance de soi chez
Pascal et chez Montaigne ?

n'en prenait pour autrui; et m'enfante[1] tant de
15 chimères et monstres fantasques les uns sur les
autres, sans ordre et sans propos*, que, pour
en contempler à mon aise l'ineptie et l'étrangeté,
j'ai commencé de les mettre en rôle*, espérant
avec le temps lui en faire honte à lui-même. [...] (5)

* sans dessein

* registre

CHAPITRE X

DU PARLER PROMPT OU TARDIF

[L'ESPRIT ET LE JUGEMENT]

[...] [1] Il semble que ce soit plus le propre de
l'esprit d'avoir son opération prompte et soudaine, et plus le propre du jugement de l'avoir
lente et posée. Mais qui demeure du tout* muet,
5 s'il n'a loisir de se préparer, et celui aussi à qui
le loisir ne donne avantage de mieux dire, ils
sont en pareil degré d'étrangeté. On récite* de
Severus Cassius[2] qu'il disait* mieux sans y avoir
pensé; qu'il devait plus à la fortune* qu'à sa
10 diligence; qu'il lui venait à profit d'être troublé
en parlant, et que ses adversaires craignaient de
le piquer, de peur que la colère ne lui fît redou-
bler son éloquence. Je connais, par expérience,
cette condition de nature, qui ne peut soutenir
15 une véhémente préméditation* et laborieuse. Si
elle ne va gaiement et librement, elle ne va rien
qui vaille. Nous disons d'aucuns* ouvrages qu'ils
puent l'huile et la lampe, pour certaine âpreté
et rudesse que le travail imprime en ceux où il
20 a grande part. Mais, outre cela, la sollicitude*
de bien faire, et cette contention* de l'âme trop

* absolument

* raconte
* parlait
* hasard

* réflexion préli-
minaire

* quelques

* préoccupation
* effort

---

1. Le sujet de *m'enfante* est l'*esprit*; 2. *Severus Cassius* : orateur contemporain
d'Auguste et de Tibère. Montaigne a emprunté ce trait à Sénèque, *Controverses*,
liv. III.

--- QUESTIONS ---

5. Quel est, d'après ce passage, le rôle des *Essais* au début de la retraite
de Montaigne? — Est-ce que la conception future des *Essais* apparaît ici?

bandée et trop tendue à son entreprise, la met
au rouet[1], la rompt et l'empêche, ainsi qu'il
advient à l'eau qui, par force de se presser de
25 sa violence et abondance, ne peut trouver issue
en un goulet ouvert. **(6)**

[VIE DE L'ESPRIT]

En cette condition de nature, de quoi je
parle, il y a quant et quant* aussi cela, qu'elle   * en même temps
demande à être non pas ébranlée et piquée par
30 ces passions fortes, comme la colère de Cassius
(car ce mouvement serait trop âpre), elle veut
être non pas secouée, mais sollicitée; elle veut
être échauffée et réveillée par les occasions étrangères, présentes et fortuites. Si elle va toute
35 seule, elle ne fait que traîner et languir. L'agi-
tation est sa vie et sa grâce.

‖ Je ne me tiens pas bien en ma possession et
disposition. Le hasard y a plus de droit que moi.
L'occasion, la compagnie, le branle* même de   * le mouvement
40 ma voix tire plus de mon esprit que je n'y trouve
lors que je le sonde et emploie à part moi.

‖ Ainsi les paroles en[2] valent mieux que les
écrits, s'il y peut avoir choix* où il n'y a point   * raison de choi-
de prix.   sir

45 ‖‖ Ceci m'advient aussi : que je ne me trouve
pas où* je me cherche; et me trouve plus par   * au moment où
rencontre* que par l'inquisition** de mon juge-   * par hasard
ment. J'aurai élancé quelque subtilité* en écri-   ** recherche
vant, (J'entends bien : mort-née pour un autre,   * idée fixe
50 affilée pour moi. Laissons toutes ces honnêtetés*.   * formules mo-
Cela se dit par chacun selon sa force.) Je l'ai   destes
si bien perdue que je ne sais ce que j'ai voulu

---

1. *Mettre au rouet :* faire tourner sur soi-même, sans qu'on puisse aller de l'avant.
Le mot *rouet* est le diminutif de *roue*; 2. *En* renvoie à *mon esprit*.

─────── **QUESTIONS** ───────

6. Quel est, selon Montaigne, le rôle du jugement dans la création
littéraire? — Montrez que, pour Montaigne, l'idéal serait de concilier
esprit et jugement. — Rapprochez ce que Montaigne dit ici sur lui-même
de certains passages de l'essai II, XVII : « De la présomption ».

dire; et l'a l'étranger découverte parfois avant
moi. Si je portais le rasoir partout où cela
55 m'advient, je me déferais tout.[1] Le rencontre*   * hasard
m'en offrira le jour* quelque autre fois plus   * éclaircissement
apparent que celui du midi; et me fera étonner
de mon hésitation. (7) (8)

CHAPITRE XIV

QUE LE GOÛT DES BIENS ET DES MAUX DÉPEND EN BONNE PARTIE DE L'OPINION QUE NOUS EN AVONS

[STOÏCISME]

[1] Les hommes (dit une sentence grecque
ancienne) sont tourmentés par les opinions qu'ils
ont des choses, non par les choses mêmes[2]. Il y
aurait un grand point gagné pour le soulagement
5 de notre misérable condition humaine, qui pour-
rait* établir cette proposition** vraie tout par   * si on pouvait
tout. Car si les maux n'ont entrée en nous   ** jugement
que par notre jugement, il semble qu'il soit en
notre pouvoir de les mépriser ou contourner à
10 bien[3]. Si les choses se rendent à notre merci,
pourquoi n'en chevirons-nous*, ou ne les accom-   * ne les gouverne-
moderons-nous à notre avantage? Si ce que nous   rons-nous
appelons mal et tourment n'est ni mal ni tour-
ment de soi*, ains** seulement que notre fan-   * en soi ** mais
15 taisie* lui donne cette qualité, il est en nous de   * imagination

1. Si j'y mettais le grattoir, j'effacerais tout; 2. Sentence d'Épictète (*Manuel*, x)
que Montaigne avait fait inscrire sur une des travées de sa bibliothèque; 3. Donner
à une figure le contour qu'elle doit avoir.

─────── QUESTIONS ───────

7. Retrouvez-vous dans les *Essais* cette allure capricieuse évoquée par
Montaigne? — Précisez la conception de l'inspiration chez Montaigne.
Comparez ce passage avec l'essai sur « l'Art de conférer » (III, VIII) et
montrez pourquoi Montaigne préfère la conférence à la méditation.

8. SUR L'ENSEMBLE DE L'EXTRAIT DU CHAPITRE X. — Comparez la conception de l'écriture chez Montaigne à celle des écrivains classiques, Des-
cartes et Pascal par exemple.

la changer. Et en ayant le choix, si* nul ne nous   *s'il est vrai que

force, nous sommes étrangement fols de nous

bander* pour le parti qui nous est le plus   tendre

ennuyeux, et de donner aux maladies, à l'indi-

20 gence et au mépris un aigre et mauvais goût,

si nous le leur pouvons donner bon, et si, la

fortune fournissant simplement de matière, c'est

à nous de lui donner la forme. Or que ce que

nous appelons mal ne le soit pas de soi, ou au

25 moins tel qu'il soit, qu'il dépende de nous de

lui donner autre saveur et autre visage*, car   *forme

tout revient à un, voyons s'il* se peut maintenir.   *si cela

Si l'être originel de ces choses que nous crai-

gnons, avait crédit de se loger en nous de son

30 autorité, il logerait pareil et semblable en tous;

car les hommes sont tous d'une* espèce, et sauf   *une seule

le plus et le moins, se trouvent garnis de pareils

outils et instruments pour concevoir et juger.

Mais la diversité des opinions que nous avons

35 de ces choses-là montre clairement qu'elles

n'entrent en nous que par composition*[1]; tel   *accord entre les

à l'aventure les loge chez soi en leur vrai être,   deux parties

mais mille autres leur donnent un être nouveau

et contraire chez eux. **(9)**

[COMMENT VAINCRE LA MORT]

40 Nous tenons la mort, la pauvreté et la douleur

pour nos principales parties*.   *adversaires

Or cette mort que les uns appellent des choses

horribles la plus horrible, qui ne sait que d'autres

---

1. *Par composition :* parce que nous avons conclu un accord avec elles.

--- QUESTIONS ---

9. Dégagez le caractère dogmatique de ce passage. Quel est au juste le raisonnement de Montaigne? Soulignez-en les différentes articulations. — Montrez qu'il s'agit surtout pour Montaigne d'assurer l'avantage de l'homme. — Quels sont, d'après ce texte, les rôles du jugement, de la volonté et de l'imagination? — Remarquez la tension de ce texte : cherchez ce qui la crée dans le vocabulaire.

la nomment l'unique port des tourments de cette
45 vie? le souverain bien de nature? seul appui de
notre liberté? et commune et prompte recette à
tous maux? et comme les uns l'attendent trem-
blants et effrayés, d'autres la supportent plus
aisément que la vie.

50   **II** Celui-là se plaint de sa facilité :

> *Mors utinam pavidos vita subducere nolles,*
> *Sed virtus te sola daret[1].*

III Or laissons ces glorieux courages. Théodo-
rus répondit à Lysimaque menaçant de le tuer[2] :
55 « Tu feras un grand coup, d'arriver à la force
d'une cantharide[3]!... » La plupart des philo-
sophes se trouvent avoir ou prévenu* par dessein   * être allés au-
ou hâté et secouru leur mort.   devant de

I Combien voit-on de personnes populaires,
60 conduites à la mort, et non à une mort simple,
mais mêlée de honte et quelquefois de griefs*   * douloureux
tourments, y apporter une telle assurance, qui
par opiniâtreté, qui par simplesse naturelle,
qu'on n'y aperçoit rien de changé de leur état
65 ordinaire; établissant leurs affaires domestiques,
se recommandant à leurs amis, chantant, prê-
chant et entretenant le peuple; voire* y mêlant   * même
quelquefois des mots pour rire, et buvant à leurs
connaissants*, aussi bien que Socrate. Un qu'on   * à ceux qui les
70 menait au gibet, disait* que ce ne fût pas par   connaissaient
                                                       * demandait que
telle rue, car il y avait danger qu'un marchand
lui fît mettre la main sur le collet, à cause d'un
vieux dette*. Un autre disait au bourreau qu'il   * une vieille dette
ne le touchât pas à la gorge, de peur de le faire
75 tressaillir de rire, tant il était chatouilleux.
L'autre répondit à son confesseur, qui lui pro-
mettait qu'il souperait ce jour-là avec notre

---

1. « O mort, que ne peux-tu te refuser aux lâches, et que n'es-tu le prix de la seule valeur? » (Lucain, *la Pharsale*, IV, 580); 2. Cicéron, *les Tusculanes*, V, 40. *Théodoros* était un philosophe de l'école cyrénaïque, qui enseignait la morale du plaisir; *Lysimaque*, un des généraux d'Alexandre, qui, à la mort de celui-ci, eut en partage la Thrace; 3. *Cantharide* : genre d'insecte.

Seigneur : « Allez-vous-y-en, vous, car de* ma   * pour
part* je jeûne. » [...] **(10) (11)**

CHAPITRE XX

QUE PHILOSOPHER,
C'EST APPRENDRE À MOURIR

[PROXIMITE DE LA MORT]

[...] [1] Le but de notre carrière, c'est la mort,
c'est l'objet nécessaire de notre visée : si elle
nous effraie, comme* est-il possible d'aller un   * comment
pas en avant, sans fièvre? Le remède du vulgaire,
5 c'est de n'y penser pas. Mais de quelle brutale
stupidité lui peut venir un si grossier aveuglement? Il lui faut faire brider l'âne par la queue,

Qui capite ipse suo instituit vestigia retro[1].

Ce n'est pas de merveille* s'il est si souvent pris   * étonnant
10 au piège. On fait peur à nos gens, seulement de
nommer la mort, et la plupart s'en signent[2],
comme du nom du diable. Et parce qu'il s'en
fait mention aux testaments, ne vous attendez*   * n'espérez pas
pas qu'ils y[3] mettent la main, que* le médecin   * avant que
15 ne leur ait donné l'extrême sentence; et Dieu
sait lors, entre la douleur et la frayeur, de quel
bon jugement ils vous le patissent*.   * confectionnent

[II] Parce que cette syllabe frappait trop rude-
ment leurs oreilles, et que cette voix* leur sem-   * parole

---

1. « Qui s'est imaginé d'aller à reculons » (Lucrèce, *De natura rerum*, IV, 472);
2. La plupart se signent en entendant ce nom; 3. *Y* a pour antécédent *testaments*.

--- **QUESTIONS** ---

10. Faites dans ce passage la part de la culture livresque et de l'expérience personnelle. — Montaigne compte-t-il seulement sur une vertu
altière pour triompher de la mort? — Essayez de caractériser l'art de
l'anecdote chez Montaigne.

11. SUR L'ENSEMBLE DE L'EXTRAIT DU CHAPITRE XIV. — Cherchez dans
ce texte des traits de ce qui sera plus tard la sagesse profonde de Montaigne. Montaigne s'intéresse-t-il seulement aux « glorieux courages »?

20 blait malencontreuse, les Romains avaient appris
de l'amollir ou de l'étendre en périphrases. Au
lieu de dire : il est mort; il a cessé de vivre,
disent-ils, il a vécu. Pourvu que ce soit vie, soit-elle
passée, ils se consolent. Nous en avons emprunté
25 notre feu[1] Maître-Jehan.

I A l'aventure*, est-ce que, comme on dit, le   * peut-être
terme vaut l'argent[2]. Je naquis entre onze heures
et midi, le dernier jour de février mil cinq cent
trente-trois, comme nous comptons à cette heure,
30 commençant l'an en janvier[3]. Il n'y a justement*   * précisément
que quinze jours que j'ai franchi trente-neuf ans[4],
il m'en faut pour le moins encore autant :
cependant* s'empêcher** du pensement de   * pendant ce
chose si éloignée, ce serait folie. Mais quoi, les   temps
                                               ** s'embarrasser
35 jeunes et les vieux laissent la vie de même condition. III Nul n'en sort autrement que comme si
tout présentement il y entrait. I Joint qu'il* n'est   * outre que
homme si décrépité, tant qu'il voit Mathusalem
devant[5], qui ne pense avoir encore vingt ans
40 dans le corps. Davantage*, pauvre fol que tu es,   * en outre
qui t'a établi les termes de ta vie? Tu te fondes
sur les comptes des médecins. Regarde plutôt
l'effet* et l'expérience. Par le commun train des   * la réalité
choses, tu vis pieça* par faveur extraordinaire.   * depuis un cer-
                                               tain temps
45 Tu as passé les termes accoutumés de vivre. Et
qu'il soit ainsi[6], compte de tes connaissants*   * connaissances
combien il en est mort avant ton âge, plus qu'il
n'en y a qui l'aient atteint; et de ceux même qui
ont ennobli leur vie par renommée, fais en
50 registre*, et j'entrerai en gageure** d'en trouver   * dresse la liste
plus qui sont morts avant qu'après trente-cinq   ** je parierai
ans. Il est plein de raison et de piété de prendre
exemple de l'humanité même de Jésus-Christ :
or il finit sa vie à trente et trois ans. Le plus

---

1. Montaigne, trompé par sa prononciation, explique cette expression par *fut*.
En réalité, *feu* vient du latin *fatutum* (« qui a accompli sa destinée »); 2. *Le terme* :
le délai accordé au débiteur pour s'acquitter; il équivaut à la remise de la dette.
Il faut, pour comprendre ce proverbe, faire abstraction du passage ajouté en 1588;
3. C'est en 1564 que l'année commença pour la première fois le 1er janvier; 4. Ce
passage est donc environ du 15 mars 1572; 5. *Devant :* en avant de lui pour le chiffre
des années; 6. Et si tu doutes qu'il en soit ainsi.

FRONTISPICE DE L'ÉDITION DE 1588
Bibliothèque nationale.

55 grand homme, simplement homme, Alexandre,
mourut aussi à ce terme. **(12)**

[QUELQUES MORTS]

Combien a la mort de façons de surprise?

Quid quisque vitet, nunquam homini satis
Cautum est in horas[1].

60 Je laisse à part les fièvres et les pleurésies. Qui
eût jamais pensé qu'un duc de Bretagne[2] dût
être étouffé de la presse*, comme fut celui-là   * foule
à l'entrée du pape Clément, mon voisin, à Lyon?
N'as-tu pas vu tuer un de nos rois en se jouant[3]?
65 Et un de ses ancêtres mourut-il pas choqué* par   * heurté
un pourceau[4]? Eschyle, menacé de la chute
d'une maison, a beau se tenir à l'airte[5], le voilà
assommé d'un toit* de tortue qui échappa des   * carapace
pattes d'un aigle en l'air[6] [...]. Et s'il m'y faut
70 mêler : un mien frère, le capitaine S. Martin,
âgé de vingt et trois ans, qui avait déjà fait
assez bonne preuve de sa valeur, jouant à la
paume, reçut un coup d'éteuf* qui l'asséna**   * balle
un peu au-dessus de l'oreille droite, sans aucune   ** le frappa
75 apparence de contusion, ni de blessure. Il ne s'en
assit, ni reposa, mais cinq ou six heures après
il mourut d'une apoplexie que ce coup lui causa.
Ces exemples si fréquents et si ordinaires nous

---

1. « Le danger imminent de chaque heure, jamais l'homme ne le prévoit assez »
(Horace, *Odes*, II, XIII, 13); 2. Le duc Jean II de Bretagne, qui mourut en effet pendant les fêtes données à Lyon en l'honneur du nouveau pape Clément V. Celui-ci,
né en Gascogne, avait été archevêque de Bordeaux (d'où le qualificatif de *mon voisin*) avant d'être élu pape en 1305. Il fut le premier des papes d'Avignon; 3. Henri II,
tué dans un tournoi, en 1559, par Montgomery; 4. Philippe, fils de Louis VI le Gros,
mourut en 1131 d'une chute de cheval, sa monture ayant été heurtée par un pourceau
dans la rue Saint-Antoine; 5. *A l'airte* : en plein air (loin de tout édifice qui puisse
l'écraser); 6. Tradition, longtemps accréditée, sur la mort du poète Eschyle.

— **QUESTIONS** —

12. Montrez que l'on retrouve dans cet essai un thème philosophique
et qu'il s'inscrit dans l'expérience de Montaigne. — Ce passage est-il
d'inspiration chrétienne? — Quels sont les arguments utilisés par Montaigne pour convaincre le lecteur? Montrez-en la variété.

passant devant les yeux, comme est-il possible
80 qu'on se puisse défaire du pensement* de la   * la pensée
mort, et qu'à chaque instant il ne nous semble
qu'elle nous tient au collet? **(13)**

[LE DIVERTISSEMENT]

Qu'importe-t-il, me direz-vous, comment que ce
soit, pourvu qu'on ne s'en donne point de peine?
85 Je suis de cet avis, et en quelque manière qu'on
se puisse mettre à l'abri des coups, fût-ce sous
la peau d'un veau, je ne suis pas homme qui y
reculasse. Car il me suffit de passer* à mon   * passer ma vie
aise; et le meilleur jeu que je me puisse donner,
90 je le prends, si* peu glorieux au reste et excm-   * aussi
plaire que vous voudrez,

> *praetulerim delirus inersque videri,*
> *Dum mea delectent mala me, vel denique fallant,*
> *Quam sapere et ringi*[1].

95 Mais c'est folie d'y penser arriver par là. Ils*   * les gens
vont, ils viennent, ils trottent, ils dansent; de
mort nulles nouvelles. Tout cela est beau. Mais
aussi quand elle arrive, ou à eux, ou à leurs
femmes, enfants et amis, les surprenant en des-
100 soude* et à découvert**, quels tourments, quels   * à l'improviste
cris, quelle rage, et quel désespoir les accable?   ** sans défense
Vîtes-vous jamais rien si rabaissé, si changé, si
confus*? Il y faut pourvoir de meilleure heure :   * bouleversé
et cette nonchalance bestiale*, quand elle pour-   * digne d'une bête
105 rait loger en la tête d'un homme d'entendement,
ce que je trouve entièrement impossible, nous
vend trop cher ses denrées. Si c'était ennemi qui

---

1. « Je préférerais passer pour fol et pour nigaud, pourvu que mes défauts en me
trompant me plaisent, plutôt que d'être sage et d'enrager » (Horace, *Epitres*, II,
II, 126).

QUESTIONS

13. Cet essai est certainement de 1572, c'est-à-dire un des premiers
écrits par Montaigne. On y trouve souvent des catalogues de faits sur-
prenants. Quel rôle Montaigne assigne-t-il ici à cette collection de morts
bizarres?

se pût éviter, je conseillerais d'emprunter les
armes de la couardise[1]. Mais puisqu'il ne se peut,
110 **II** puisqu'il vous attrape fuyant et poltron aussi
bien qu'honnête homme,

> **I** *Nempe et fugacem persequitur virum,*
> *Nec parcit imbellis juventae*
> *Poplitibus, timidoque tergo*[2],

115 **II** et que nulle trempe de cuirasse vous couvre,

> *Ille licet ferro cautus se condat aere,*
> *Mors tamen inclusum protrahet inde caput*[3],

I apprenons à le soutenir de pied ferme, et à le
combattre. **(14)**

[LES IMAGINATIONS DE LA MORT]

120   Et pour commencer à lui ôter son plus grand
avantage contre nous, prenons voie toute
contraire à la commune. Otons-lui l'étrangeté,
pratiquons-le, accoutumons-le*, n'ayons rien si   * prenons-en
souvent en la tête que la mort. A tous instants   l'habitude
125 représentons-la à notre imagination et en tous
visages. Au broncher d'un cheval*, à la chute   * quand un che-
d'une tuile, à la moindre piqûre d'épingle, remâ-   val bronche
chons* soudain : Eh bien, quand ce serait la   * redisons-nous
mort même? et là-dessus, raidissons-nous et
130 efforçons-nous*. Parmi les fêtes et la joie, ayons   * faisons un effort
toujours ce refrain de la souvenance de notre   sur nous-mêmes
condition, et ne nous laissons pas si fort emporter
au plaisir, que parfois il ne nous repasse en la
mémoire, en combien de sortes cette notre allé-

---

1. C'est-à-dire : la fuite; 2. « Certes il poursuit l'homme qui le fuit, il n'épargne
ni les jarrets, ni le dos tremblant de la jeunesse sans courage » (Horace, *Odes*, III, II,
14); 3. « Il a beau se cacher sous le fer et l'airain, la mort fera sortir cette tête si bien
abritée » (Properce, IV, XVIII, 25).

QUESTIONS

14. Peut-on dire que ce passage soit d'inspiration stoïcienne? Où le
tempérament de Montaigne apparaît-il? Dans quels passages son amour
de la vie se marque-t-il? — Montaigne essaie-t-il d'expliquer cette *nonchalance bestiale?* Pour quel motif précis la condamne-t-il? Pascal fait-il
la même analyse, quand il parle du divertissement (*Pensées*, 269,
éd. Lafuma)? — Étudiez le style de ce passage : d'où vient sa vivacité?

135 gresse est en butte à la mort, et de combien de
prises elle le menace. Ainsi faisaient les Égyptiens,
qui, au milieu de leurs festins et parmi leur
meilleure chère, faisaient apporter l'anatomie
sèche* d'un corps d'homme mort, pour servir   * le squelette
140 d'avertissement aux conviés.

> *Omnem crede diem tibi diluxisse supremum.*
> *Grata superveniet, quae non sperabitur horae*[1].

Il est incertain où la mort nous attende[2], atten-
dons-la partout. La préméditation* de la mort   * méditation
145 est préméditation de la liberté. Qui a appris à
mourir, il a désappris à servir*. Le savoir mourir   * être esclave
nous affranchit de toute sujétion et contrainte.
ΙΙΙ Il n'y a rien de mal* en la vie pour celui qui   * de douloureux
a bien compris que la privation de la vie n'est
150 pas mal. Ι Paul Emile répondit à celui que
ce misérable* roy de Macédoine[3], son prisonnier,   * malheureux
lui envoyait pour le prier de ne le mener pas en
son triomphe : « Qu'il en fasse la requête à soi-
même. » [...] **(15) (16)**

CHAPITRE XXIII

DE LA COUTUME
ET DE NE CHANGER AISÉMENT UNE LOI REÇUE

[FORCE DE LA COUTUME]

Ι Celui me semble avoir très bien conçu la
force de la coutume, qui premier* forgea ce   * le premier

---

1. « Tiens pour ton dernier jour chaque jour qui a lui pour toi, et tu béniras la
faveur de l'heure inespérée » (Horace, *Épîtres*, I, iv, 13); 2. Subjonctif d'interrogation
indirecte; 3. Persée fut vaincu à Pydna par Paul Émile (168 av. J.-C.).

───── **QUESTIONS** ─────

15. Relevez dans ce passage quelques maximes stoïciennes. — Quel
est ici le rôle de la volonté et de l'imagination? — Caractérisez le style
de ce passage : a) vocabulaire; b) forme des phrases.

16. SUR L'ENSEMBLE DE L'EXTRAIT DU CHAPITRE XX. — Montrez comment Montaigne fait confiance dans l'effort de la volonté humaine. Relevez les sources et les citations de Montaigne. Peut-on dire que sa doctrine
est unifiée?

conte, qu'une femme de village, ayant appris
de caresser et porter entre ses bras un veau dès
5 l'heure de sa naissance, et continuant toujours
à ce faire, gagna cela par l'accoutumance, que
tout grand bœuf qu'il était, elle le portait encore[1].
Car c'est à la vérité une violente et traîtresse
maîtresse d'école que la coutume. Elle établit
10 en nous, peu à peu, à la dérobée, le pied de son
autorité; mais par ce doux et humble commen-
cement, l'ayant rassis* et planté avec l'aide du   * solidement éta-
temps, elle nous découvre tantôt* un furieux et   bli
tyrannique visage, contre lequel nous n'avons   * bientôt
15 plus la liberté de hausser seulement les yeux.
Nous lui voyons forcer tous les coups* les   * à chaque fois
règles de nature. III « *Usus efficacissimus rerum*
omnium magister[2]. »

I J'en III crois l'antre de Platon en sa *Répu-*
20 *blique*[3], et I crois les médecins, qui quittent* si   * abandonnent
souvent à son autorité les raisons de leur art; et ce
roi[4] qui, par son moyen, rangea* son estomac   * dressa
à se nourrir de poison; et la fille qu'Albert[5]
récite* s'être accoutumée à vivre d'araignées.   * raconte
25 II Et en ce monde des Indes nouvelles[6] on
trouva des grands peuples et en fort divers cli-
mats, qui en vivaient, en faisaient provision, et
les appâtaient*, comme aussi des sauterelles,   * nourrissaient
fourmis, lézards, chauves-souris, et fut un cra-
30 paud vendu six écus en une nécessité* de vivres;   * besoin pressant
ils les cuisent et apprêtent à diverses sauces. Il
en fut trouvé d'autres auxquels nos chairs et

---

1. On ignore l'origine de ce conte très répandu chez les Anciens; 2. « L'usage en tout est le plus efficace des maîtres » (Pline l'Ancien, *Histoire naturelle*, XXVI, VI); 3. Platon, *la République*, VII, I. Les hommes sont comparés à des prisonniers enchaînés depuis leur enfance au fond d'une caverne : ils ne voient du monde extérieur que des ombres qui se profilent devant eux sur le mur de la caverne. Or, dit Platon, si on déliait ces prisonniers pour leur montrer la réalité, ne croiraient-ils pas que les ombres qu'ils voyaient auparavant sont plus véritables que la réalité qu'on leur fait découvrir? 4. Mithridate, d'après ce que dit Aulu-Gelle, XVII, 16; 5. *Albert le Grand* (vers 1193-1280) fut non seulement un philosophe et un théologien, mais un savant dont la curiosité s'étendait à tous les domaines; 6. L'Amérique, conquise par les Espagnols et les Portugais dans la première moitié du XVIe siècle. Montaigne manifesta le plus grand intérêt pour les choses du Nouveau Monde; les récits d'explorateurs lui fournirent bien des citations pour les *Essais*. Sa pensée philosophique fut influencée par la révélation d'un monde nouveau : l'Europe perdait sa situation privilégiée; ses coutumes étaient empruntées à d'autres coutumes, ou à l'état de nature.

nos viandes étaient mortelles et venimeuses[1].

III « *Consuetudinis magna vis est. Pernoctant*
35 *venatores In nive; in montibus uri se patiuntur.*
Pugiles caestibus contusi ne ingemiscunt quidem[2]. »

Ces exemples étrangers ne sont pas étranges,
si nous considérons, ce que nous essayons*   * éprouvons
ordinairement, combien l'accoutumance hébète*   * émousse
40 nos sens. Il ne nous faut pas aller chercher ce
qu'on dit des voisins des cataractes du Nil[3],
et ce que les philosophes estiment* de la musique   * pensent
céleste, que* les corps de ces cercles, étant   * à savoir que
solides et venant à se lécher et frotter l'un à
45 l'autre en roulant, ne peuvent faillir* de produire   * manquer
une merveilleuse harmonie, aux coupures et
nuances de laquelle se manient les contours et
changements des caroles* des astres[4]; mais   * danses
qu'universellement les ouïes des créatures, endor-
50 mies comme celles des Égyptiens par la continuation de ce son, ne le peuvent apercevoir,
pour grand qu'il soit. Les maréchaux*, meuniers,   * maréchaux-fer-
armuriers ne sauraient durer au bruit qui les   rants
frappe, s'ils s'en étonnaient comme nous. Mon
55 collet de fleur[5] sert à mon nez, mais, après que
je m'en suis vêtu trois jours de suite, il ne sert
qu'aux nez assistants. Ceci est plus étrange, que,
nonobstant* des longs intervalles et intermis-   * malgré
sions*, l'accoutumance puisse joindre et établir   * interruptions
60 l'effet de son impression sur nos sens; comme
essaient* les voisins des clochers. Je loge chez   * vérifient
moi en une tour où, à la diane et à la retraite[6],
une fort grosse cloche sonne tous les jours l'*Ave*

---

1. Toutes ces singularités sont empruntées à Lopez de Gomara (1510-1560), secré-
taire du conquistador Hernán Cortés et auteur d'une *Histoire des Indes* (1553);
2. « Grande est la force de l'habitude. Les chasseurs passent la nuit dans la neige;
dans la montagne, ils se font brûler du soleil. Les pugilistes meurtris par le ceste
n'en gémissent même pas » (Cicéron, *les Tusculanes*, II, 17); 3. Qui auraient perdu
l'ouïe par la violence du bruit des cataractes, au dire de Cicéron (*le Songe de Scipion*,
VI, 19); 4. Cette image du ciel, formé de sphères concentriques, où sont fixés les astres,
et qui se meuvent en glissant l'une contre l'autre, vient de la philosophie d'Aristote;
5. Ce *collet* désigne ce qu'on appelait aussi autrefois un « collet de senteur », c'est-à-
dire une sorte de pourpoint sans manches fait de peau parfumée; 6. Au lever et au
coucher du jour. La *diane* et la *retraite* sont, à l'origine, des batteries de tambour
qui, dans la vie militaire, commandent l'une le lever, l'autre le retour au canton-
nement.

Maria. Ce tintamarre effraie ma tour même;
65 et, aux premiers jours me semblant insupportable, en peu de temps m'apprivoise, de manière
que je l'ois* sans offense et souvent sans m'en
éveiller. [...] **(17)**

    * l'entends

[COUTUME ET RAISON]

I Mais le principal effet de sa puissance, c'est
70 de nous saisir et empiéter[1] de telle sorte, qu'à
peine soit-il en nous* de nous ravoir de sa prise
et de rentrer en nous, pour discourir et raisonner
de ses ordonnances. De vrai, parce que nous les
humons* avec le lait de notre naissance, et que
75 le visage du monde se présente en cet état à
notre première vue, il semble que nous soyons
nés à la condition* de suivre ce train. Et les
communes imaginations, que nous trouvons en
crédit autour de nous et infuses* en notre âme
80 par la semence de nos pères, il semble que ce
soient les générales et naturelles.

    * est-il possible

    * avalons

    * avec la condition

    * répandues

III Par où il advient que ce qui est hors des
gonds de coutume, on le croit hors des gonds
de raison; Dieu sait combien déraisonnablement,
85 le plus souvent. Si, comme nous, qui nous
étudions, avons appris de faire, chacun qui oit*
une juste sentence* regardait incontinent** par
où elle lui appartient en son propre, chacun
trouverait que cette-ci n'est pas tant un bon mot,
90 qu'un bon coup de fouet à la bêtise ordinaire
de son jugement[2]. Mais on reçoit les avis* de

    * entend

    * opinion
    ** aussitôt

    * avertissements

---

1. *Empiéter* : saisir (comme le faucon sa proie); 2. Nous ne sommes pas sensibles
à la vérité d'une sentence; souvent, la formule nous retient et nous détourne du sens
de la vérité interne.

QUESTIONS

17. A quoi Montaigne oppose-t-il ici la coutume? Est-elle seulement
l'ennemie de l'homme? — Quelle est pour ce sujet l'importance de la
découverte du Nouveau Monde? — Montrez que Montaigne choisit
ses exemples dans des domaines très divers.

la vérité et ses préceptes comme adressés au
peuple, non jamais à soi; et, au lieu de les coucher* sur ses mœurs, chacun les couche en sa   * appliquer
95 mémoire, très sottement et très inutilement.
Revenons à l'empire de la coutume. [...]

 Darius[1] demandait à quelques Grecs pour
combien ils voudraient prendre la coutume des
Indes, de manger leurs pères trépassés (car
100 c'était leur forme, estimant ne leur pouvoir
donner plus favorable sépulture, que dans eux-
mêmes), ils lui répondirent que pour chose du
monde ils ne le feraient; mais, s'étant aussi
essayé de persuader aux Indiens de laisser leur
105 façon et prendre celle de Grèce, qui était de
brûler les corps de leurs pères, il leur fit encore
plus d'horreur. Chacun en fait ainsi, d'autant
que l'usage nous dérobe le vrai visage des choses,

Nil adeo magnum, nec tam mirabile quicquam
110 *Principio, quod non minuant mirarier omnes*
Paulatim[2].

Autrefois, ayant à faire valoir quelqu'une de
nos observations*, et reçue avec résolue** auto-   * observances
rité bien loin autour de nous, et ne voulant point,   ** incontestable
115 comme il se fait, l'établir seulement par la force
des lois et des exemples, mais quêtant* toujours   * recherchant
jusques à son origine, j'y trouvai le fondement   * que pour un
si faible, qu'à peine que je ne m'en dégoutasse*,   peu je m'en se-
moi qui avais à la confirmer* en autrui. [...] (18)   rais dégoûté
                                                            * affermir

---

1. Hérodote, *Histoires*, III, 12; 2. « Rien n'est si grand, rien tant n'émerveille d'abord
qui peu à peu ne cesse bientôt d'étonner » (Lucrèce, *De natura rerum*, II, 1023).

━━━ QUESTIONS ━━━

18. Comment Montaigne analyse-t-il le mécanisme psychologique de
l'influence de la coutume? Montrez que la coutume prend sa force en
nous et autour de nous. — Où apparaît le souci pédagogique de Montaigne? Peut-on lutter contre la coutume? Quelle est la méthode suivie
par Montaigne dans l'explication de la coutume? Quelle est sa
portée? — L'ironie de Montaigne dans les exemples : d'où vient-elle?
(Étudiez particulièrement le jeu entre « raison » et « déraison ».)

[SAGESSE POLITIQUE]

120 ¹ Ces considérations ne détournent pourtant
pas un homme d'entendement de suivre le style
commun*; ains, au rebours**, il me semble que
toutes façons écartées* et particulières partent
plutôt de folie ou d'affectation ambitieuse, que
125 de vraie raison; et que le sage doit au-dedans
retirer son âme de la presse*, et la tenir en liberté
et puissance de juger librement des choses; mais,
quant au dehors, qu'il doit suivre entièrement
les façons et formes reçues. La société publique
130 n'a que faire de nos pensées; mais le demeurant*, comme nos actions, notre travail, nos
fortunes et notre vie propre, il la¹ faut prêter
et abandonner* à son service et aux opinions
communes, comme ce bon et grand Socrate
135 refusa de sauver sa vie par la désobéissance du
magistrat*, voire** d'un magistrat très injuste
et très inique². Car c'est la règle des règles, et
générale loi des lois, que chacun observe celles
du lieu où il est :

*l'usage commun
** mais au contraire
* singulières

* foule

* le reste

* accorder

* en désobéissant au magistrat
** même

140   Νόμοις ἕπεσθαι τοῖσιν ἐγχωρίοις καλόν³. **(19)**

[CONSERVATISME]

En voici d'une autre cuvée. Il y a grand doute,
s'il se peut trouver aussi évident profit au changement d'une loi reçue, telle qu'elle soit*, qu'il

* quelle qu'elle soit

---

1. L'accord se fait avec le dernier nom exprimé, mais le pronom représente aussi
actions, travail, fortunes; 2. C'est le sujet du dialogue de Platon appelé *Criton,* où
Socrate refuse l'aide de ses amis qui lui offrent de le faire évader; 3. « Le bien est
d'obéir aux lois de son pays. » Sentence grecque d'origine inconnue.

— QUESTIONS —
---

19. Montaigne semble conclure à la vanité de bien des « observances ».
Montrez ce qu'a de paradoxal ce nouveau développement. — Comment
Montaigne envisage-t-il le service de la société publique? Comparez ce
passage avec l'essai III, x, « De ménager sa volonté ». — L' « homme
d'entendement » de Montaigne et les « habiles » de Pascal (cf. la Documentation thématique, t. III, extrait des *Pensées,* 180, éd. Lafuma).

y a de mal à la remuer : d'autant qu'une police*,
145 c'est comme un bâtiment de diverses pièces
jointes ensemble, d'une telle liaison, qu'il est
impossible d'en ébranler une, que tout le corps
ne s'en sente*. [...]

   II Je suis dégoûté de la nouvelleté*, quelque
150 visage qu'elle porte, et ai raison*, car j'en ai vu
des effets très dommageables. Celle qui nous
presse depuis tant d'ans, elle n'a pas tout
exploité*, mais on peut dire avec apparence, que
par accident elle a tout produit et engendré :
155 voire* et les maux et ruines, qui se font depuis
sans elle, et contre elle : c'est à elle à s'en prendre
au nez*,

> *Heu patior telis vulnera facta meis*[1].

Ceux qui donnent le branle* à un État sont volon-
160 tiers* les premiers absorbés en sa ruine. **III** Le
fruit du trouble ne demeure guère à celui qui
l'a ému*, il bat et brouille l'eau pour d'autres
pêcheurs. **II** La liaison et contexture de cette
monarchie et ce grand bâtiment ayant été démis
165 et dissous*, notamment sur ses vieux ans, par
elle, donne tant qu'on veut d'ouverture et d'entrée
à pareilles injures*. **III** La majesté royale, dit un
ancien, s'avale* plus difficilement du sommet au
milieu qu'elle ne se précipite du milieu à fond.
170   Mais si les inventeurs* sont plus dommageables, les imitateurs[2] sont plus vicieux, de se
jeter en des exemples, desquels ils ont senti et
puni l'horreur et le mal. Et s'il y a quelque degré
d'honneur, même au mal faire, ceux-ci doivent
175 aux autres la gloire de l'invention, et le courage
du premier effort. **(20)**

Marginal glosses:
* une organisation sociale et politique
* ressent
* nouveauté
* j'ai des raisons pour cela
* achevé
* même
* s'en prendre à elle-même
* ébranlent
* souvent
* provoqué
* disloqué
* dommages
* s'abaisse
* ceux qui commencent

---

1. « Je souffre, hélas ! d'un mal que mes flèches m'ont fait » (Ovide, *Épître de Phyllis à Démophon*, vers 48); 2. Les factieux catholiques de la Ligue qui imitent les factieux protestants.

   QUESTIONS

---

20. Quelles sont les raisons de cette attitude? Distinguez : a) les arguments d'ordre général; b) les raisons tirées de l'expérience.

[Montaigne et les guerres civiles]

II Toutes sortes de nouvelle débauche* puisent
heureusement* en cette première et féconde
source, les images et patrons* à troubler notre
180 police. On lit en nos lois mêmes, faites pour le
remède de ce premier mal, l'apprentissage et
l'excuse de toutes sortes de mauvaises entreprises;
et nous advient, ce que Thucydide dit[1] des
guerres civiles de son temps, qu'en faveur des
185 vices publics on les baptisait de mots nouveaux
plus doux, pour leur excuse, abâtardissant et
amollissant leurs vrais titres. C'est, pourtant, pour
réformer nos consciences et nos créances*[2].
« *Honesta oratio est*[3]. » Mais le meilleur prétexte
190 de nouvelleté est très dangereux. **III** « *Adeo nihil
motum ex antiquo probabile est*[4]. » **II** Si* me
semble-t-il, à le dire franchement, qu'il y a
grand amour de soi et présomption d'estimer ses
opinions jusque-là que, pour les établir, il faille
195 renverser une paix publique, et introduire tant
de maux inévitables et une si horrible corruption
de mœurs que les guerres civiles apportent, et
les mutations d'État, en chose de tel poids*; et
les introduire en son propre pays. **III** Est-ce pas
200 mal ménagé*, d'avancer** tant de vices certains
et connus, pour combattre des erreurs contestées
et débattables*? Est-il quelque pire espèce de
vices, que ceux qui choquent la propre conscience
et naturelle connaissance? [...]
205 **II** La religion chrétienne a toutes les marques
d'extrême justice et utilité; mais nulle plus apparente*, que l'exacte recommandation de l'obéissance du magistrat*, et manutention** des
polices[5]. Quel merveilleux exemple nous en a
210 laissé la sapience* divine, qui, pour établir le
salut du genre humain et conduire cette sienne

* désordre poli-
tique
* abondamment
* modèles

* croyances

* ainsi

* de telle impor-
tance

* calculé ** favo-
riser

* dont on peut
discuter

* évidente
* de l'autorité
** maintien

* sagesse

---

1. Thucydide, *Histoire de la guerre du Péloponnèse*, III, 52; 2. Entendez : que ces
protestants ont déclenché la guerre civile; 3. « Le prétexte est honorable » (Térence,
l'Andrienne, I, I, 114); 4. « Tant il est vrai qu'on ne doit approuver nul changement
dans l'antique usage » (Tite-Live, XXXIV, LIV); 5. *Polices*, organisations politiques
et sociales.

glorieuse victoire contre la mort et le péché, ne
l'a voulu faire qu'à la merci de* notre ordre   * à la faveur de
politique; et a soumis son progrès, et la conduite
215 d'un si haut effet et si salutaire, à l'aveuglement
et injustice de nos observations et usances* :   * observances et
y laissant courir le sang innocent de tant d'élus   coutumes
ses favoris, et souffrant une longue perte d'années
à mûrir ce fruit inestimable[1].

220   Il y a grand à dire*, entre la cause de celui   * grande diffé-
qui suit les formes et les lois de son pays, et   rence
celui qui entreprend de les régenter et changer.
Celui-là allègue pour son excuse la simplicité,
l'obéissance et l'exemple : quoi qu'il fasse, ce
225 ne peut être malice*, c'est pour le plus, malheur.   * méchanceté
III « *Quis est enim quem non moveat claris-
simis monumentis testata consignataque anti-
quitas[2]?* »
   Outre ce que* dit Isocrate[3], que la défectuosité   * sans parler de
230 a plus de part à la modération que n'a l'excès.   ce que
II L'autre est en bien plus rude parti*, III car   * condition
qui se mêle de choisir et de changer, usurpe
l'autorité de juger, et se doit faire fort de voir
la faute de ce qu'il chasse, et le bien de ce qu'il
235 introduit. **(21)**

[PRUDENCE POLITIQUE ET RELIGIEUSE]

   Cette si vulgaire considération m'a fermi*   * affermi
en mon siège*, et tenu ma jeunesse même, plus   * dans ma posi-
téméraire, en bride : de ne charger mes épaules   tion
d'un si lourd faix, que de me rendre répondant

---

1. Pour permettre à ce fruit inestimable de mûrir. Tout ce développement s'appuie
sur l'interprétation traditionnelle de la parole évangélique : « Rendez à Dieu ce qui
est à Dieu et à César ce qui est à César »; 2. « Qui donc en effet ne serait pas ému
par une antiquité attestée et conservée par tant d'éclatants témoignages? » (Cicéron,
De la divination, I, XI); 3. *Isocrate* (436-338 av. J.-C.) : orateur grec; l'allusion est
tirée du *Discours à Nicoclès* (IX, XXXIII).

--- **QUESTIONS** ---

21. Montrez l'importance des guerres civiles dans la formation de la
pensée politique de Montaigne. — Quel est le lien entre cette sagesse
politique et la foi religieuse de Montaigne? Pensez-vous que Montaigne
soit un bon interprète de la pensée chrétienne quand il parle du devoir
d'obéissance au magistrat?

LE CHÂTEAU DE SAINT-MICHEL-DE-MONTAIGNE

Il ne reste de l'édifice ancien, détruit par un incendie en 1885, que la tour (en bas à gauche) où se trouvait la « librairie » de l'écrivain.

LA
« LIBRAIRIE »
DE
MONTAIGNE,
DANS
LA TOUR
DU CHÂTEAU

On y voit encore
sur les poutres
les maximes
grecques
et latines que
Montaigne y
avait fait graver.

Phot. Raymond Ritter.

240 d'une science de telle importance[1], et oser en cette-ci* ce qu'en sain jugement je ne pourrais oser en la plus facile de celles auxquelles on m'avait instruit, et auxquelles la témérité* de juger est de nul préjudice : me semblant très
245 inique de vouloir soumettre les constitutions et observances publiques et immobiles à l'instabilité d'une privée fantaisie* (la raison privée n'a qu'une juridiction privée) et entreprendre sur les lois divines ce que nulle police* ne suppor-
250 terait aux civiles, auxquelles encore que l'humaine raison ait beaucoup plus de commerce*, si** sont elles souverainement juges de leurs juges ; et l'extrême suffisance* sert à expliquer et étendre l'usage qui en est reçu, non à le détourner et
255 innover[2]. [...]

  II Dieu le sache, en notre présente querelle, où il y a cent articles* à ôter et remettre, grands et profonds articles, combien ils sont qui se puissent vanter d'avoir exactement reconnu les
260 raisons et fondements de l'un et l'autre parti ? C'est un nombre, si c'est nombre, qui n'aurait pas grand moyen de nous troubler. Mais toute cette autre presse*, où va-t-elle ? sous quelle enseigne se jette-t-elle à quartier* ? Il advient de
265 la leur, comme des autres médecines faibles et mal appliquées : les humeurs qu'elle voulait purger en nous, elle les a échauffées, exaspérées et aigries par le conflit, et si* nous est demeurée dans le corps. Elle n'a su nous purger par sa
270 faiblesse, et nous a cependant affaiblis, en manière que nous ne la pouvons vider* non plus*, et ne recevons de son opération que des douleurs longues et intestines. [...] (22) (23)

* celle-ci

* légèreté

* imagination particulière

* gouvernement

* rapports
** pourtant

* habileté

* sujets

* foule

* à l'écart

* et ainsi

* évacuer
* pas plus qu'auparavant

---

1. La politique ; 2. Bien que les lois humaines relèvent de la raison, celle-ci se borne à les interpréter, bien loin de les modifier.

——— **QUESTIONS** ———

22. Que pensez-vous de la prudence religieuse de Montaigne ? — Quels sont, pour Montaigne, les droits de la raison en matière religieuse ?

23. Sur l'ensemble des extraits du chapitre XXIII. — Montrez l'originalité de la position politique de Montaigne. En voyez-vous les prolongements au XVIIe siècle ? — Par quelles images Montaigne rend-il sensible la complexité de la chose politique ?

CHAPITRE XXVI

DE L'INSTITUTION DES ENFANTS

A Madame Diane de Foix, comtesse de Gurson.

[...] [1] Madame[1], c'est un grand ornement que
la science, et un outil de merveilleux service,
notamment aux personnes élevées en tel degré
5 de fortune, comme vous êtes. A la vérité, elle
n'a point son vrai usage en mains viles et basses.
Elle est bien plus fière de prêter ses moyens à
conduire une guerre, à commander un peuple,
à pratiquer* l'amitié d'un prince ou d'une   * obtenir
10 nation étrangère, qu'à dresser un argument dialectique[2], ou à plaider un appel, ou ordonner
une masse de pilules. Ainsi, Madame, parce que
je crois que vous n'oublierez pas cette partie en
l'institution* des vôtres, vous qui en avez savouré   * éducation
15 la douceur, et qui êtes d'une race lettrée (car
nous avons encore les écrits de ces anciens
comtes de Foix[3], d'où Monsieur le Comte, votre
mari et vous, êtes descendus; et François, Monsieur de Candale[4], votre oncle, en fait naître
20 tous les jours d'autres, qui étendront la connaissance de cette qualité de votre famille à plusieurs
siècles), je vous veux dire là-dessus une seule
fantaisie que j'ai contraire au commun usage :
c'est tout ce que je puis conférer* à votre service   * apporter
25 en cela. **(24)**

---

1. Montaigne écrit cet essai alors que Diane de Foix, comtesse de Gurson, attend
son premier enfant, à la fin de 1579; 2. La dialectique est l'art de la discussion philosophique; 3. Le plus célèbre des comtes de Foix est Gaston III, dit « Gaston Phébus »
(1331-1391), seigneur fastueux et violent, mais aussi amateur de littérature. Il a laissé
un *Traité de la chasse*, fort apprécié encore au XVIe siècle; 4. *François de Foix, comte
de Candale* (1502-1594), évêque d'Aire, traduisit Euclide et fonda une chaire de
mathématiques à l'université de Bordeaux.

--- **QUESTIONS** ---

24. Montrez que l'éducation de cet enfant sera faite en fonction de
son rôle social.

[Le choix du gouverneur]

La charge du gouverneur que vous lui donrez*, * donnerez
du choix duquel dépend tout l'effet de son institution, elle a plusieurs autres grandes parties;
mais je n'y touche point, pour n'y savoir rien
30 apporter qui vaille; et de cet article, sur lequel
je me mêle de lui donner avis, il m'en croira
autant qu'il y verra d'apparence*. A un enfant * raison plausible
de maison* qui recherche les lettres, non pour * enfant noble
le gain (car une fin si abjecte est indigne de la
35 grâce et faveur des Muses, et puis elle regarde
et dépend d'autrui), ni tant pour les commodités
externes que pour les siennes propres, et pour
s'en enrichir et parer au-dedans, ayant plutôt
envie d'en tirer un habile homme qu'un homme
40 savant, je voudrais aussi qu'on fût soigneux de
lui choisir un conducteur qui eût plutôt la tête
bien faite que bien pleine,[1] et qu'on y requît
tous les deux*, mais plus les mœurs** et l'enten- * les deux choses
dement* que la science; et qu'il se conduisît ** le caractère
45 en sa charge d'une nouvelle manière. **(25)** * l'intelligence

[Nouvelle pédagogie]

On ne cesse de criailler à nos oreilles, comme
qui* verserait dans un entonnoir, et notre charge * comme si
ce n'est que redire ce qu'on nous a dit. Je voudrais qu'il corrigeât cette partie, et que, de belle
50 arrivée*, selon la portée de l'âme qu'il a en * dès l'abord
main, il commençât à la mettre sur la montre[2],
lui faisant goûter les choses, les choisir et dis-
cerner d'elle-même* : quelquefois lui ouvrant * par elle-même

---

1. L'expression n'est pas neuve; elle se rencontre, avant Montaigne, chez plusieurs écrivains comme Noël du Fail et Henri Estienne; 2. *Sur la montre :* sur la piste où le maquignon montre les chevaux à vendre.

───── **QUESTIONS** ─────

25. Relevez quelques formules déjà très importantes et qui donnent le ton de cet essai.

chemin, quelquefois le lui laissant ouvrir. Je ne
55 veux pas qu'il invente et parle seul, je veux
qu'il écoute son disciple parler à son tour.
III Socrate et, depuis, Arcésilas faisaient premièrement parler leurs disciples, et puis ils par-
laient à eux[1]. « *Obest plerumque iis qui discere*
60 *volunt auctoritas eorum qui docent*[2]. »

Il est bon qu'il le fasse trotter devant lui pour   *observe*
juger de son train*, et juger jusques à quel point   * allure
il se doit ravaler* pour s'accommoder à sa force.   * s'abaisser
A faute de cette proportion nous gâtons tout :   *entre l'enseignement
65 et de la savoir choisir, et s'y conduire bien   et capacité)*
mesurément c'est l'une des plus ardues besognes
que je sache : et est l'effet d'une haute âme et
bien forte, savoir condescendre à ses allures
puériles* et les guider. Je marche plus sûr et   * d'enfant
70 plus ferme à mont qu'à val*.   * en montant
                                                        qu'en descen-
                                                        dant
Ceux qui, comme porte* notre usage, entre-   * comporte
prennent d'une même leçon et pareille mesure
de conduite régenter* plusieurs esprits de si   * diriger
diverses mesures et formes, ce n'est pas merveille
75 si, en tout un peuple d'enfants, ils en rencontrent
à peine deux ou trois qui rapportent quelque
juste fruit de leur discipline*. **(26)**   * instruction

[MÉMOIRE ET JUGEMENT]

I Qu'il ne lui demande pas seulement compte
des mots de sa leçon, mais du sens et de la
80 substance, et qu'il juge du profit qu'il aura fait,

---

1. La méthode de Socrate nous est bien connue par les dialogues de Platon. *Arcésilas* (vers 316-vers 241 av. J.-C.) : philosophe grec, fondateur de la Nouvelle Académie, adversaire de tout dogmatisme ; il n'est guère connu que par les allusions qu'on trouve chez les auteurs latins. Le trait cité ici se trouve dans Cicéron, *De finibus*, I, I ;
2. « A ceux qui veulent apprendre, c'est souvent une gêne que l'autorité de ceux qui leur donnent leur enseignement » (Cicéron, *De la nature des dieux*, I, v).

QUESTIONS

26. Cette pédagogie s'inspire-t-elle de la méthode d'autorité? Où
se marque l'influence du dialogue antique? — Pourquoi Montaigne
condamne-t-il l'organisation des collèges?

non par le témoignage de sa mémoire, mais de
sa vie. Que ce qu'il viendra d'apprendre, il le
lui fasse mettre en cent visages et accommoder
à autant de divers sujets, pour voir s'il l'a encore
85 bien pris et bien fait sien, III prenant l'instruction
de son progrès des pédagogismes de Platon[1].
I C'est témoignage de crudité[2] et indigestion que
de regorger* la viande**, comme on l'a avalée.
L'estomac n'a pas fait son opération, s'il n'a
90 fait changer la façon et la forme à ce qu'on lui
avait donné à cuire*.

   II Notre âme ne branle* qu'à crédit**, liée et
contrainte à l'appétit des fantaisies d'autrui,
serve* et captivée sous l'autorité de leur leçon.
95 On nous a tant assujettis aux cordes[3] que nous
n'avons plus de franches* allures. Notre vigueur
et liberté est éteinte. III « *Nunquam tutelae suae
fiunt*[4]. » II Je vis privément* à Pise un honnête
homme*, mais si aristotélicien, que le plus géné-
100 ral de ses dogmes est : que la touche* et règle
de toutes imaginations solides et de toute vérité
c'est la conformité à la doctrine d'Aristote; que
hors de là ce ne sont que chimères et inanité;
qu'il* a tout vu et tout dit. Cette proposition,
105 pour avoir été un peu trop largement et inique-
ment* interprétée, le mit autrefois et tint longtemps en grand accessoire* à l'inquisition[5] à
Rome.

   I Qu'il lui fasse tout passer par l'étamine[6] et
110 ne loge rien en sa tête par simple autorité et à
crédit*; les principes d'Aristote ne lui soient**
principes, non plus que ceux des stoïciens ou
épicuriens. Qu'on lui propose* cette diversité
de jugements : il choisira s'il peut, sinon il en
115 demeurera en doute. III Il n'y a que les fols
certains et résolus*.

Marginal glosses:
* rendre par la gorge ** nourriture
* digérer
* ne se meut ** sur la foi d'autrui
* esclave
* libres
* en particulier
* cultivé
* pierre de touche
* Aristote
* injustement
* tracas
* sur la foi d'autrui ** subjonctif d'ordre
* pose devant les yeux
* déterminés

---

   1. Jugeant de son progrès à l'aide de la méthode pédagogique en usage dans les dialogues de Platon; 2. État d'un estomac qui digère mal; 3. *Cordes :* longes; Montaigne poursuit la comparaison de l'élève et du cheval; 4. « Ils ne se gouvernent jamais eux-mêmes » (Sénèque, *Lettres à Lucilius*, XXXIII); 5. *Inquisition :* tribunal ecclésiastique dépendant directement de la papauté, pour juger les hérésies; 6. Qu'il oblige son élève à tout examiner. L'*étamine* est une pièce d'étoffe servant à filtrer.

I *Che non men che saper dubbiar m'aggrada*[1].

Car s'il embrasse les opinions de Xénophon et
de Platon par son propre discours*, ce ne seront   * raisonnement
120 plus les leurs, ce seront les siennes. **III** Qui suit
un autre, il ne suit rien. Il ne trouve rien, voire*   * et même
il ne cherche rien. « *Non sumus sub rege ; sibi
quisque se vindicet*[2]. » Qu'il sache qu'il sait, au
moins. **I** Il faut qu'il emboive* leurs humeurs**,   * qu'il se pénètre
125 non qu'il apprenne leurs préceptes. Et qu'il   de ** goûts
oublie hardiment, s'il veut, d'où il les tient, mais
qu'il se les sache approprier. La vérité et la
raison sont communes à un chacun, et ne sont
non plus à qui les a dites premièrement, qu'à
130 qui les dit après. **III** Ce n'est non plus selon
Platon que selon moi, puisque lui et moi l'enten-
dons et voyons de même. **I** Les abeilles pillotent*   * diminutif de pil-
deçà delà les fleurs, mais elles en font après le   ler
miel, qui est tout leur ; ce n'est plus thym ni
135 marjolaine : ainsi les pièces empruntées d'autrui,
il les transformera et confondra*, pour en faire   * mêlera
un ouvrage tout sien : à savoir son jugement.
Son institution, son travail et étude ne vise qu'à
le former.
140 **III** Qu'il cèle tout ce de quoi il a été secouru,
et ne produise* que ce qu'il en a fait. Les pil-   * montre
leurs, les emprunteurs mettent en parade leurs
bâtiments, leurs achats, non pas ce qu'ils tirent
d'autrui. Vous ne voyez pas les épices[3] d'un
145 homme de parlement, vous voyez les alliances
qu'il a gagnées et honneurs à ses enfants. Nul
ne met en compte public sa recette : chacun y
met son acquêt. **(27)**

---

1. « Et comme à savoir je me plais à douter » (Dante, *Enfer*, XI, 93); 2. « Nous
ne sommes pas sous un roi; que chacun dispose de soi-même » (Sénèque, *Lettres à
Lucilius*, XXXIII); 3. *Épices* : somme d'argent versée aux juges pour un procès; c'étaient,
à l'origine, des gratifications en nature (d'où leur nom), mais, au XVIe siècle, le prix
des procès était déjà tarifé.

QUESTIONS

27. Quel est le but essentiel de l'enseignement selon Montaigne?
— Montrez les raisons de sa confiance dans l'esprit humain. — Comment
Montaigne concilie-t-il la pratique des Anciens et la formation d'une
pensée personnelle? — Précisez l'importance du libre examen dans cette
pédagogie.

[MENS SANA...]

Le gain de notre étude, c'est en être devenu
150 meilleur et plus sage.

᾿C'est, disait Epicharme[1], l'entendement qui
voit et qui oit*, c'est l'entendement qui approfite**   * entend ** tire
tout, qui dispose tout, qui agit, qui domine et   profit
qui règne : toutes autres choses sont aveugles,
155 sourdes et sans âme. Certes nous le rendons
servile et couard*, pour ne lui laisser la liberté   * peureux
de rien faire de soi. Qui demanda jamais à son
disciple ce qu'il lui semble ‖ de la rhétorique
et de la grammaire, ᾿ de telle ou telle sentence*   * opinion
160 de Cicéron? On nous les plaque en la mémoire
toutes empennées[2], comme des oracles où les
lettres et les syllabes sont de la substance de la
chose[3]. ‖‖ Savoir par cœur n'est pas savoir :
c'est tenir ce qu'on a donné en garde à sa
165 mémoire. Ce qu'on sait droitement*, on en   * comme il faut
dispose, sans regarder au patron*, sans tourner   * modèle
les yeux vers son livre. Fâcheuse suffisance,
qu'une suffisance pure livresque! Je m'attends*   * je veux
qu'elle serve d'ornement, non de fondement,
170 suivant l'avis de Platon, qui dit la fermeté, la
foi, la sincérité être la vraie philosophie, les
autres sciences et qui visent ailleurs, n'être que
fard.

᾿ Je voudrais que le Paluël ou Pompée, ces
175 beaux danseurs de mon temps, apprissent* des   * enseignassent
caprioles* à les voir seulement faire**, sans nous   * cabrioles ** en
bouger de nos places, comme ceux-ci veulent   nous les faisant
instruire notre entendement, sans l'ébranler,   seulement voir
‖‖ ou qu'on nous apprît à manier un cheval,
180 ou une pique, ou un luth, ou la voix, sans nous
y exercer, comme ceux ici nous veulent apprendre
à bien juger et à bien parler, sans nous exercer

---

1. *Epicharme de Cos*, auteur comique sicilien (vᵉ siècle av. J.-C.); 2. *Empennées* :
telles quelles, comme un gibier qu'on n'aurait même pas plumé; 3. La formule *(lettres
et syllabes)* des oracles est inséparable de leur contenu (la *substance*); leur signification est obscure puisqu'on ne peut détacher leur contenu des mots qui l'expriment.
Mais les textes, qui forment l'objet d'un enseignement méthodique, ne sauraient
être considérés de la même façon : les mots qui les composent ne sont que la forme
d'une *substance*, qu'il s'agit de découvrir et de comprendre en l'exprimant sous
d'autres termes que ceux que l'on a appris.

ni à parler ni à juger. | Or, à cet apprentissage,
tout ce qui se présente à nos yeux sert de livre
185 suffisant : la malice* d'un page, la sottise d'un   * méchanceté
valet, un propos de table, ce sont autant de
nouvelles matières.

A cette cause*, le commerce** des hommes y   * pour cette rai-
est merveilleusement propre, et la visite des pays   son ** fréquen-
190 étrangers, non pour en rapporter seulement, à   tation
la mode de notre noblesse française, combien
de pas a Santa Rotonda[1], ou, comme d'autres,
combien le visage de Néron, de quelque vieille
ruine de là, est plus long ou plus large que
195 celui de quelque pareille médaille, mais pour
en rapporter principalement les humeurs* de ces   * goûts
nations et leurs façons, et pour frotter et limer
notre cervelle contre celle d'autrui. Je voudrais
qu'on commençât à le promener dès sa tendre
200 enfance, et premièrement, pour faire d'une
pierre deux coups, par les nations voisines où
le langage est plus éloigné du nôtre, et auquel,
si vous ne la formez de bonne heure, la langue
ne se peut plier.

205 Aussi bien est-ce une opinion reçue d'un
chacun, que ce n'est pas raison de nourrir* un   * élever
enfant au giron de ses parents. Cette amour
naturelle les* attendrit trop et relâche, voire**   * les parents
les plus sages. Ils ne sont capables ni de châtier   ** même
210 ses fautes, ni de le voir nourri grossièrement,
comme il faut, et hasardeusement. Ils ne le
sauraient souffrir revenir suant et poudreux de
son exercice, ||| boire chaud, boire froid, | ni
le voir sur un cheval rebours*, ni contre un   * rétif
215 rude tireur, le floret* au poing, ni la première   * fleuret
arquebuse[2]. Car il n'y a remède : qui en veut
faire un homme de bien, sans doute* il ne lui   * sans aucun
faut épargner en cette jeunesse, et souvent cho-   doute
quer les règles de la médecine :

---

1. L'ancien Panthéon d'Agrippa à Rome, transformé en église, qu'on appelait
couramment « Santa Rotonda », à cause de sa forme circulaire; 2. *Arquebuse* : arme
à feu, qui avait été inventée vers 1475. Très lourde à l'origine et nécessitant le service
de deux hommes, elle s'était allégée au cours du XVIe siècle et était devenue une
arme individuelle. Elle commence, vers 1570, à être remplacée par le mousquet.

220   II *vitamque sub dio et trepidis agat*
          In rebus[1]. **(28)**

[... IN CORPORE SANO]

III Ce n'est pas assez de lui roidir l'âme; il lui
faut aussi roidir les muscles. Elle est trop pressée,
si elle n'est secondée, et a trop à faire de seule
225 fournir à deux offices*. Je sais combien ahanne**   * tâches
la mienne en compagnie d'un corps si tendre,   ** peine
si sensible, qui se laisse si fort aller sur elle. Et
aperçois souvent en ma leçon*, qu'en leurs   * en mes lectures
écrits mes maîtres font valoir, pour magnanimité
230 et force de courage, des exemples qui tiennent
volontiers* plus de l'épessissure** de la peau   * ordinairement
et dureté des os. J'ai vu des hommes, des femmes   ** épaisseur
et des enfants ainsi nés*, qu'une bâtonnade leur   * faits
est moins qu'à moi une chiquenaude : qui ne
235 remuent ni langue ni sourcil aux coups qu'on leur
donne. Quand les athlètes contrefont* les philo-   * imitent
sophes en patience*, c'est plutôt vigueur de nerfs   * endurance
que de cœur. Or l'accoutumance à porter le
travail est accoutumance à porter la douleur :
240 « *labor callum obducit dolori*[2] ». Il le faut rompre
à la peine et âpreté des exercices, pour le dresser
à la peine et âpreté de la délouere*, de la colique,   * dislocation
du cautère, et de la geôle, et de la torture. Car de
ces dernières ici encore peut-il être en prise*, qui   * exposé
245 regardent les bons, selon le temps, comme les   * nous en faisons
méchants[3]. Nous en sommes à l'épreuve*. Qui-   l'expérience

---

1. « Et qu'il vive en plein air au milieu des alarmes » (Horace, *Odes*, III, ii, 5);
2. « Le travail forme un cal contre la douleur » (Cicéron, *les Tusculanes*, ii, 15);
3. Qui peuvent, vu les circonstances (guerres civiles), menacer les bons comme les
méchants.

───────── QUESTIONS ─────────

28. L'éducation, selon Montaigne, est-elle seulement intellectuelle ? —
Pourquoi Montaigne craint-il l'influence des parents dans l'éducation ?
Les aspects « spartiates » de cette éducation : pourquoi sont-ils nécessaires ? — Quelle est l'utilité du voyage dans cette éducation ? Appréciez
l'ironie de Montaigne parlant de ses contemporains.

conque combat les lois, menace les plus gens de
bien d'escourgées* et de la corde.

| | * du fouet |

250 **I** Et puis, l'autorité du gouverneur, qui doit
être souveraine sur lui, s'interrompt et s'empêche
par la présence des parents. Joint que ce respect
que la famille* lui porte, la connaissance des
moyens* et grandeurs de sa maison, ce ne sont
255 à mon opinion pas légères incommodités en
cet âge. **(29)**

| | * les gens de la maison |
| | * ressources |

[L'HONNÊTE HOMME]

En cette école du commerce* des hommes, j'ai
souvent remarqué ce vice, qu'au lieu de prendre
connaissance d'autrui, nous ne travaillons qu'à
la donner de nous, et sommes plus en peine
260 d'employer* notre marchandise que d'en acquérir de nouvelle. Le silence et la modestie sont
qualités très commodes à la conversation*. On
dressera cet enfant à être épargnant et ménager
de sa suffisance*, quand il l'aura acquise; à ne
265 se formaliser point des sottises et fables qui se
diront en sa présence, car c'est une incivile
importunité de choquer tout ce qui n'est pas
de notre appétit*. **III** Qu'il se contente de se
corriger soi-même, et ne semble pas reprocher
270 à autrui tout ce qu'il refuse à faire, ni contraster*
aux mœurs publiques. « Licet sapere sine pompa,
sine invidia[1]. » Fuie* ces images régenteuses** et
inciviles, et cette puérile ambition de vouloir
paraître plus fin pour être autre[2], et tirer nom
275 par repréhensions* et nouvelletés**. Comme il
n'affiert* qu'aux grands poètes d'user des licences

	* fréquentation
	* de débiter
	* aux relations humaines
	* capacité
	* goût
	* se mettre en opposition avec
	* qu'il fuie ** qui prétendent régenter
	* critiques ** innovations * il n'appartient

---

1. « On peut être sage sans ostentation, sans exciter l'envie » (Sénèque, *Lettres à Lucilius*, CIII); 2. Sous prétexte qu'il ne ressemble pas à tout le monde.

--------- **QUESTIONS** ---------

29. Comment Montaigne utilise-t-il sa propre expérience dans ce chapitre « De l'institution des enfants »? — Le contexte historique justifie-t-il
ces conseils?

de l'art, aussi n'est-il supportable qu'aux grandes âmes et illustres de se privilégier* au-dessus de la coutume. « *Si quid Socrates et Aristippus*
280 *contra morem et consuetudinem fecerint, idem sibi ne arbitretur licere : magnis enim illi et divinis bonis hanc licentiam assequebantur*[1]. »
[1] On lui apprendra de n'entrer en discours* ou contestation que où il verra un champion digne
285 de sa lutte, et là même à n'employer pas tous les tours qui lui peuvent servir, mais ceux-là seulement qui lui peuvent le plus servir. Qu'on le rende délicat au choix et triage de ses raisons, et aimant la pertinence*, et par conséquent la
290 brièveté. Qu'on l'instruise surtout à se rendre et à quitter* les armes à la vérité, tout aussitôt qu'il l'apercevra : soit qu'elle naisse ès* mains de son adversaire, soit qu'elle naisse en lui-même par quelque ravisement*. Car il ne sera pas mis
295 en chaise* pour dire un rôle prescrit. Il n'est engagé à aucune cause, que parce qu'il l'approuve. Ni ne sera du métier où se vend à purs deniers comptants la liberté de se pouvoir repentir et reconnaître[2]. [III] « *Neque, ut omnia*
300 *quae praescripta et imperata sint defendat, necessitate ulla cogitur*[3]. »

→ Si son gouverneur tient de mon humeur, il lui formera la volonté à être très loyal serviteur de son prince et très affectionné et très courageux;
305 mais il lui refroidira l'envie de s'y attacher autrement que par un devoir public. Outre plusieurs autres inconvénients qui blessent notre franchise* par ces obligations particulières, le jugement d'un homme gagé et acheté, ou il est
310 moins entier et moins libre, ou il est taché* et d'imprudence et d'ingratitude.

Marginal notes:
* s'attribuer un privilège
* discussion
* la convenance des propos au sujet
* rendre
* dans les
* quand il sera ravisé
* chaire
* liberté
* coupable

---

1. « S'il a pu arriver à Socrate et à Aristippe d'aller contre l'usage et la coutume, on ne doit pas se croire permis d'en faire autant : de grandes et divines qualités leur permettaient cette licence » (Cicéron, *Des devoirs*, I, XLI); 2. Où l'on abandonne pour de l'argent entre les mains d'un maître la liberté de se repentir et de reconnaître son erreur; 3. « Aucune nécessité qui le contraigne à défendre des thèses prescrites et commandées » (Cicéron, *Académiques*, II, III).

tions de l'autre. Voire mais, que fera il, si on le presse de la subti-
tilité sophistique de quelque syllogisme? Le iambon fait boire, le boire desaltere, parquoy le iambon desaltere? Si ces sottes simples, luy doiuent persuader vne mensonge, cela est dangereux: mais si elles demeurent sans effect, & ne l'esmeuuent
qu'à rire, ie ne voy pas pourquoy il s'en doiue dóner garde. Il
en est de si sots, qui se destournent de leur voye vn quart de
heuë, pour courir apres vn beau mot: ou rebours, c'est aux paroles à seruir & à suyure, & que le Gascon y arriue, si le François n'y peut aller. Ie veux que les choses surmótent, & qu'elles remplissent, de façon l'imagination de celuy qui escoute,
qu'il n'aye aucune souuenance des mots. Le parler que i'ayme, c'est vn parler simple & naif, tel sur le papier qu'à la bouche: vn parler succulent & nerueux, court & serré, plustost
difficile qu'ennuieux, Esloigné d'affectation, & d'artifice,
Desreglé, descousu, & hardy: Chaque lopin y face son corps:
Non pedantesque, non fratesque, non pleideresque, mais plustost soldatesque, comme Suetone appelle celuy de Iulius
Cæsar. I'ay volontiers imité cette desbauche qui se voit en
nostre ieunesse, au port de leurs vestemens, de laisser pendre
son peillé, de porter la cappe en escharpe, & vn bas mal tendu,
qui represente vne fierté desdaigneuse de ces paremens estrá-
gers, & nonchallante de l'art. Mais ie la trouue encore mieux
employée en la forme du parler. Ie n'ayme point de tissure
ou les liaisons & les coutures paroissent: Tout ainsi qu'en
vn corps, il ne faut qu'on y puisse compter les os & les vei-
nes. Les Atheniens (dict Platon) ont pour leur part, le soing
de l'abondance & elegance du parler, les Lacedemoniens de
la briefueté, & ceux de Crete, de la fecundité des cóceptions,
plus que du langage: Ceux-cy sont les miens. Zenon disoit
qu'il auoit deux sortes de disciples: les vns qu'il nommoit
φιλολόγους, curieux d'apprendre les choses, qui estoyent ses mi

L'exemplaire de l'édition de 1588
où Montaigne avait indiqué en marge les additions à apporter
dans une nouvelle édition.
(Ici, livre premier, chap. XXVI : « De l'institution des enfants »).

Un courtisan ne peut avoir ni loi ni volonté de dire et penser que* favorablement d'un maître qui, parmi tant de milliers d'autres sujets, l'a
315 choisi pour le nourrir et élever de sa main. Cette faveur et utilité corrompent non sans quelque raison sa franchise, et l'éblouissent*. Pourtant* voit-on coutumièrement le langage de ces gens-là divers* à tout autre langage
320 d'un état, et de peu de foi en telle matière[1].

    I Que sa conscience et sa vertu reluisent en son parler, III et n'aient que la <u>raison pour guide.</u> I Qu'on lui fasse entendre que de confesser la faute qu'il découvrira en son propre discours,
325 encore qu'elle ne soit aperçue que par lui, c'est un effet de jugement et de sincérité, qui sont les principales parties* qu'il cherche ; III que l'opiniâtrer et contester[2] sont qualités communes, plus apparentes aux* plus basses âmes ; que se
330 raviser et se corriger, abandonner un mauvais parti sur le cours de son ardeur[3], ce sont qualités rares, fortes et philosophiques.

    I On l'avertira, étant en compagnie, d'avoir les yeux partout, car je trouve que les premiers
335 sièges sont communément saisis[4] par les hommes moins capables, et que les grandeurs de fortune ne se trouvent guère mêlées à la suffisance*. J'ai vu, cependant qu'on s'entretenait, au haut bout d'une table, de la beauté d'une tapisserie
340 ou du goût de la malvoisie[5], se perdre beaucoup de beaux traits à l'autre bout. Il sondera la portée d'un chacun : un bouvier, un maçon, un passant ; il faut tout mettre en besogne, et emprunter* chacun selon sa marchandise, car
345 tout sert en ménage* ; la sottise même et faiblesse d'autrui lui sera instruction. A contreroller* les grâces et façons d'un chacun, il s'engendrera envie des bonnes, et mépris des mauvaises.

Marginal notes:

* si ce n'est

* aveuglent
* pour cette raison
* opposé

* qualités

* plus fréquentes chez

* compétence

* utiliser
* conduite de la vie quotidienne
* contrôler

---

    1. Sur le chapitre de leur maître ; 2. Le fait de s'entêter dans une opinion et de discuter ; 3. Au moment où il y est le plus ardemment attaché ; 4. Les places d'honneur sont généralement occupées ; 5. *Malvoisie :* vin grec qui venait de Napoli de Malvasia (Nauplie), dans le Péloponnèse.

Qu'on lui mette en fantaisie* une honnête   * en tête
350 curiosité de s'enquérir de toutes choses; tout ce
qu'il y aura de singulier autour de lui, il le verra :
un bâtiment, une fontaine, un homme, le lieu
d'une bataille ancienne, le passage de César ou
de Charlemagne :

355   ‖ *Quae tellus sit lenta gelu, quae putris ab aestu,*
    Ventus in Italiam quis bene vela ferat[1].

ǀ Il s'enquerra des mœurs, des moyens* et des   * ressources
alliances* de ce prince, et de celui-là. Ce sont   * unions par
                                                       mariage
choses très plaisantes* à apprendre et très utiles   * agréables
360 à savoir. (30)

[DU BON USAGE DE L'HISTOIRE]

En cette pratique des hommes, j'entends y
comprendre, et principalement, ceux qui ne
vivent qu'en la mémoire des livres. Il pratiquera, par le moyen des histoires, ces grandes
365 âmes des meilleurs siècles. C'est un vain étude[2],
qui veut*; mais qui veut aussi, c'est un étude   * si l'on veut
de fruit inestimable : ‖‖ et le seul étude, comme
dit Platon[3], que les Lacédémoniens eussent
réservé à* leur part. ǀ Quel profit ne fera-t-il en   * pour
370 cette part-là, à la lecture des vies de notre Plutarque[4]? Mais que mon guide se souvienne où
vise sa charge; et qu'il n'imprime* pas tant à   * enseigne
son disciple ‖‖ la date de la ruine de Carthage

---

1. « Quel sol le froid rend lourd ou la chaleur poudreux, quel est le vent marin qui mène en Italie » (Properce, IV, III, 39); 2. *Étude* est masculin dans le sens d'« application au travail »; 3. Platon, *Hippias Major*, III, 249); 4. *Plutarque* (vers 50-vers 125), historien et moraliste grec, était très goûté surtout depuis qu'Amyot en avait fait la traduction (1559 et 1572). Montaigne en reparle dans le chapitre « Des livres », II, x.

--- QUESTIONS ---

30. Quelle est l'importance du « commerce des hommes » pour Montaigne? — Montrez qu'il s'agit ici d'un art de se conduire en société, mais aussi dans la recherche de la vérité. — L'indépendance d'esprit de Montaigne : où la retrouvez-vous? — Comparez ce passage avec l'essai sur « l'Art de conférer » (III, VIII).

que les mœurs de Hannibal et de Scipion, ni
375 tant **I** où mourut Marcellus[1], que pourquoi il
fut indigne de son devoir qu'il mourût là. Qu'il
ne lui apprenne pas tant les histoires, qu'à en
juger. **III** C'est à mon gré, entre toutes, la matière
à laquelle nos esprits s'appliquent de plus diverse*   * opposée
380 mesure. J'ai lu en Tite-Live cent choses que tel
n'y a pas lues. Plutarque en y a lu cent, outre
ce que j'y ai su lire, et, à l'aventure*, outre ce   * peut-être
que l'auteur y avait mis. A d'aucuns c'est un
pur étude grammairien*, à d'autres, l'anatomie   * grammatical
385 de la philosophie, en laquelle les plus abstruses*   * difficilement
parties de notre nature se pénètrent. **I** Il y a   accessibles
dans Plutarque beaucoup de discours* étendus   * développements
très dignes d'être sus*, car à mon gré c'est le   * connus
maître ouvrier de telle besogne; mais il y en a
390 mille qu'il n'a que touchés simplement : il guigne*   * fait signe
seulement du doigt par où nous irons, s'il nous
plaît, et se contente quelquefois de ne donner
qu'une atteinte* dans le plus vif propos. Il les   * toucher à peine
faut arracher de là et mettre en place marchande[2].
395 **II** Comme ce sien mot, que les habitants d'Asie
servaient* à un seul[3], pour ne savoir prononcer   * étaient asservis
une seule syllabe, qui est Non, donna peut-être
la matière et l'occasion à La Boitie[4] de sa Servitude Volontaire[5]. **I** Cela même de lui voir trier*   * choisir
400 une légère action en la vie d'un homme, ou un
mot, qui semble ne porter* pas cela : c'est un   * ne comporter
discours*. C'est dommage que les gens d'enten-   * cela vaut tout
dement aiment tant la brièveté : sans doute*   un discours
leur réputation en vaut mieux, mais nous en   * sans aucun
405 valons moins : Plutarque aime mieux que nous   doute
le vantions de son jugement que de son savoir;
il aime mieux nous laisser désir de soi que satiété.

1. *Marcellus*, le vainqueur de Syracuse dans la deuxième guerre punique, périt
à Venouse, victime de son imprudence, dans une embuscade (208 avant J.-C.); 2. Place
qui fait valoir un objet exposé et en facilite la vente; ici donc : en pleine lumière;
3. Le mot de Plutarque, disant que les habitants de l'Asie étaient les esclaves d'un
seul homme. La citation dont il est question ici se trouve dans le traité *De la mauvaise honte*, VII; 4. *La Boitie* : orthographe conforme à la prononciation d'alors.
Sur La Boétie, voir *Essais*, I, XXVIII; 5. *Discours sur la servitude volontaire ou contr'un*,
principale œuvre de La Boétie.

Il savait qu'ès* choses bonnes même on peut   * dans les
trop dire, et qu'Alexandridas reprocha juste-
410 ment à celui qui tenait aux Ephores[1] des bons
propos, mais trop longs : « O étranger, tu dis
ce qu'il faut, autrement qu'il ne faut[2]. » III Ceux
qui ont le corps grêle, le grossissent d'embour-
rures* : ceux qui ont la matière exile**, l'enflent   * bourre ** mince
415 de paroles. (31)

[LA FRÉQUENTATION DU MONDE]

I Il se tire une merveilleuse clarté, pour le
jugement humain, de la fréquentation du monde.
Nous sommes tous contraints et amoncelés* en   * resserrés et re-
nous, et avons la vue raccourcie à la longueur   pliés
420 de notre nez. On demandait à Socrate d'où il
était. Il ne répondit pas : « D'Athènes »; mais :
« Du monde[3]. » Lui, qui avait son imagination
plus pleine* et plus étendue, embrassait l'univers   * la plus pleine
comme sa ville, jetait ses connaissances, sa
425 société* et ses affections à tout le genre humain,   * participation
non pas comme nous qui ne regardons que sous
nous. Quand les vignes gèlent en mon village,
mon prêtre en argumente* l'ire** de Dieu sur   * conclut
la race humaine, et juge que la pépie en tienne   ** colère
430 déjà les Cannibales[4]. A voir nos guerres civiles,
qui ne crie que cette machine se bouleverse et
que le jour du jugement* nous prend au collet,   * jugement der-
                                                     nier

---

1. *Ephores* : magistrats de Sparte; 2. Anecdote rapportée par Plutarque dans les
Dits notables des Lacédémoniens; 3. D'après Plutarque, *De l'exil*, IV, et Cicéron,
les Tusculanes, V, 37; 4. A l'entendre, les Cannibales meurent de soif, faute de vin.
On désigne alors du nom de *Cannibales* certaines peuplades d'Amérique qu'on disait
anthropophages.

──────── QUESTIONS ────────

31. Précisez les traits d'une conception pédante de l'histoire, et ceux
d'une conception humaniste telle que la propose Montaigne. — Expli-
quez pourquoi il s'agit là encore de former le jugement. — L'éloge de
Plutarque : sur quoi repose-t-il? Voyez-vous pourquoi Montaigne appré-
cie tout spécialement le style de Plutarque?

sans s'aviser que plusieurs pires choses se sont
vues, et que les dix mille parts* du monde ne   * pays
435 laissent pas de galler le bon temps[1] cependant?
II Moi, selon leur licence et impunité, admirer de
les voir si douces et molles[2]. I A qui il grêle sur
la tête, tout l'hémisphère semble être en tempête
et orage. Et disait le Savoyard[3] que, si ce sot
440 de roi de France eût su bien conduire sa fortune,
il était homme pour devenir maître d'hôtel[4] de
son duc. Son imagination ne concevait autre
plus élevée grandeur que celle de son maître.
III Nous sommes insensiblement tous en cette
445 erreur : erreur de grande suite* et préjudice.   * conséquence
I Mais qui se présente*, comme dans un tableau,   * se représente
cette grande image de notre mère Nature en son
entière majesté; qui lit en son visage une si générale* et constante variété; qui se remarque   * universelle
450 là-dedans, et non soi, mais tout un royaume,
comme un trait d'une pointe très délicate :
celui-là seul estime les choses selon leur juste
grandeur.
    Ce grand monde, que les uns multiplient encore
455 comme espèces sous un genre[5], c'est le miroir
où il nous faut regarder pour nous connaître
de bon biais. Somme*, je veux que ce soit le   * en somme
livre de mon écolier. Tant d'humeurs, de sectes,
de jugements, d'opinions, de lois et de coutumes
460 nous apprennent à juger sainement des nôtres,
et apprennent notre jugement à reconnaître son
imperfection et sa naturelle faiblesse : qui* n'est * ce qui
pas un léger apprentissage. Tant de remuements
d'état et changements de fortune publique nous
465 instruisent à ne faire pas grand miracle de la nôtre.
Tant de noms, tant de victoires et conquêtes,
ensevelies sous l'oubliance, rendent ridicule l'es-

---

1. Se donner du bon temps. *Galler :* s'amuser; 2. Je m'étonne que ces guerres
civiles, vu la licence et l'impunité dont elles jouissent, ne fassent pas plus de ravages;
3. Anecdote tirée d'Henri Estienne (*Apologie pour Hérodote*, « Discours prélimi-
naire »); 4. *Maître d'hôtel :* officier de la Cour, titre honorifique accordé par un roi
ou un prince à un grand seigneur; 5. Montaigne semble croire à la pluralité des
mondes. Le monde n'est qu'une espèce dans un genre plus vaste.

pérance d'éterniser notre nom par la prise de
dix argolets* et d'un pouillier¹ qui n'est connu   * arquebusiers à
470 que de sa chute². L'orgueil et la fierté de tant   cheval
de pompes* étrangères, la majesté si enflée de   * cérémonies
tant de cours et de grandeurs, nous fermit et
assure* la vue à soutenir l'éclat des nôtres sans   * affermit, rend
siller* les yeux. Tant de milliasses d'hommes,   plus sûre
                                                    * fermer
475 enterrés avant nous, nous encouragent à ne
craindre* d'aller trouver si bonne compagnie   * ne pas craindre
en l'autre monde. Ainsi du reste.

III Notre vie, disait Pythagore³, retire* à la   * ressemble
grande et populeuse assemblée des jeux Olym-
480 piques. Les uns s'y exercent le corps pour en
acquérir la gloire des jeux; d'autres y portent
des marchandises à vendre pour le gain. Il en
est, et qui ne sont pas les pires, lesquels ne
cherchent autre fruit* que de regarder comment   * profit
485 et pourquoi chaque chose se fait, et être specta-
teurs de la vie des autres hommes, pour en
juger et régler la leur. **(32)**

[PRIMAUTÉ DE LA PHILOSOPHIE]

I Aux exemples se pourront proprement* assor-   * exactement
tir tous les plus profitables discours de la philo-

---

1. *Pouillier* : même mot que *poulailler*. Place sans importance, bicoque; 2. Montaigne veut dire que cette place sans importance ne serait même pas connue, si sa
prise *(sa chute)* n'avait donné l'occasion de citer son nom; 3. D'après Cicéron,
Tusculanes, v, 3.

───── **QUESTIONS** ─────

32. Quel est le but essentiel de la connaissance du monde? Comparez
ce chapitre avec celui « De la coutume » (I, xxiii). — Appréciez l'humour
de Montaigne dans ce passage. — Le style périodique de Montaigne :
donnez-en un exemple ici. Comparez-le avec le style de Pascal dans le
fragment célèbre des « Deux infinis » (*Pensées*, 390, éd. Lafuma). —
Montrez que Montaigne cherche ici à dépayser l'homme dans l'espace
et dans le temps.

490 sophie, à laquelle se doivent toucher[1] les actions
humaines comme à leur règle. On lui dira,

> II *quid fas optare, quid asper*
> *Utile nummus habet ; patriae charisque propinquis*
> *Quantum elargiri deceat ; quem te Deus esse*
> 495 *Jussit, et humana qua parte locatus es in re ;*
> *Quid sumus, aut quidnam victuri gignimur*[2] *;*

I que c'est que savoir et ignorer, qui* doit être   * quel
le but de l'étude ; que c'est que vaillance, tempé-
rance et justice ; ce qu'il y a à dire*, entre l'am-   * quelle différence
500 bition et l'avarice, la servitude et la sujétion, la   il y a
licence et la liberté ; à quelles marques on connaît*   * reconnaît
le vrai et solide contentement ; jusques où il faut
craindre la mort, la douleur et la honte,

> II *Et quo quemque modo fugiatque feratque laborem*[3] *;*

505 I quels ressorts nous meuvent, et le moyen de
tant divers branles* en nous. Car il me semble   * mouvements
que les premiers discours de quoi on lui doit
abreuver l'entendement, ce doivent être ceux
qui règlent ses mœurs et son sens*, qui lui   * jugement
510 apprendront à se connaître, et à savoir bien
mourir et bien vivre. III Entre les arts libéraux*,   * activités intel-
commençons par l'art qui nous fait libres.   lectuelles

Elles* servent toutes aucunement** à l'instruc-   * les arts (*féminin*
tion de notre vie et à son usage, comme toutes   ici)
515 autres choses y servent aucunement. Mais choi-   ** de quelque
sissons celle qui y sert directement et profes-   manière
soirement*.   * spécialement

Si nous savions restreindre les appartenances*   * devoirs
de notre vie à leurs justes et naturels limites*,   * *masculin* ici
520 nous trouverions que la meilleure part des
sciences qui sont en usage, est hors de notre
usage ; et en celles mêmes qui le sont, qu'il y a
des étendues et enfonçures* très inutiles, que   * recoins
nous ferions mieux de laisser là, et, suivant

---

1. La philosophie est la pierre de touche des actions humaines ; 2. « Ce qu'on
peut désirer, en quoi nous est utile l'argent dur à gagner, ce qu'exigent de nous
la patrie et les proches, ce que Dieu a voulu que tu sois, dans quel office
humain il t'a marqué ta place ; ce que nous sommes et quel dessein nous produisit
au jour » (Perse, III, 69) ; 3. « Et comment il faut éviter et supporter toute épreuve »
(Virgile, *Enéide*, III, 459).

525 l'institution* de Socrate, borner le cours de
notre étude en icelles, où faut* l'utilité[1].

* manque

> I *sapere aude,*
> *Incipe : vivendi qui recte prorogat horam,*
> *Rusticus expectat dum defluat amnis ; at ille*
> 530 *Labitur, et labetur in omne volubilis aevum[2].*

C'est une grande simplesse d'apprendre à nos
enfants

> II *Quid moveant pisces, animosaque signa leonis,*
> *Lotus et Hesperia quid capricornus aqua[3],*

535 I la science des astres et le mouvement de la
huitième sphère[4], avant que les leurs propres :

> Τί πλειάδεσσι κάμοί,
> Τί δ'άστράσι βοώτεω[5] ;

III Anaximènes écrivant à Pythagore[6] : « De
540 quel sens puis-je m'amuser[7] au secret des étoiles,
ayant la mort ou la servitude toujours présente
aux yeux » (car lors les rois de Perse préparaient
la guerre contre son pays). Chacun doit dire
ainsi : « Étant battu d'ambition, d'avarice, de
545 témérité, de superstition, et ayant au-dedans tels
autres ennemis de la vie, irai-je songer au branle*
du monde ? »

* mouvement

I Après qu'on lui aura dit ce qui sert à le faire
plus sage et meilleur, on l'entretiendra que* c'est
550 que Logique, Physique, Géométrie, Rhétorique ;
et la science qu'il choisira, ayant déjà le jugement
formé, il en viendra bientôt à bout. Sa leçon se
fera tantôt par devis*, tantôt par livre ; tantôt
son gouverneur* lui fournira de l'auteur même,
555 propre à cette fin de son institution ; tantôt il
lui en donnera la moelle et la substance toute

* ce que

* conversation
* précepteur

---

1. Notre étude doit s'arrêter quand manque l'utilité. Idée exprimée par Platon
dans *Euthydème* ; 2. « Ose être sage, va ! différer l'heure de bien vivre, c'est ressembler à ce campagnard qui attend pour passer le fleuve que l'eau soit écoulée ; cependant, le fleuve coule et il coulera éternellement » (Horace, *Épîtres*, I, II, 40) ; 3. « Quelle
est l'influence des Poissons, des signes enflammés du Lion, de ceux du Capricorne
qui se baigne dans la mer d'Hespérie » (Properce, IV, I, 85-89) ; 4. Pour Aristote,
l'univers est fait de sphères concentriques dont la Terre est le centre ; la *huitième
sphère*, la plus éloignée, est celle sur laquelle sont fixées les étoiles ; 5. « Que me font
à moi les Pléiades et les étoiles du Bouvier ? » 6. Cité par Diogène Laërce (*Vie
d'Anaximène*, II, 5) ; 7. Quel serait mon jugement si je m'attardais.

mâchée. Et si, de soi-même, il n'est assez familier des livres pour y trouver tant de beaux
discours* qui y sont, pour l'effet de son dessein,   * développements
560 on lui pourra joindre quelque homme de lettres*,   * lettré
qui à chaque besoin fournisse les munitions*   * moyens de sub-
qu'il faudra, pour les distribuer et dispenser à   sistance
son nourrisson. Et que cette leçon ne soit plus
aisée et naturelle que celle de Gaza[1], qui y peut
565 faire doute? Ce sont là préceptes épineux et mal
plaisants, et des mots vains et décharnés, où il
n'y a point de prise, rien qui vous éveille l'esprit.
En cette-ci[2] l'âme trouve où mordre et où se
paître*. Ce fruit est plus grand, sans compa-   * se nourrir
570 raison, et si* sera plus tôt mûri. (33)   * cependant

[LA PHILOSOPHIE AIMABLE]

C'est grand cas* que les choses en soient là   * il est étonnant
en notre siècle, que la philosophie, ce soit
jusques* aux gens d'entendement, un nom vain   * même pour
et fantastique*, qui se trouve de nul usage et   * imaginaire
575 de nul prix, III et par opinion et par effet. I Je
crois que ces ergotismes* en sont cause, qui ont   * raisonnements
saisi* ses avenues. On a grand tort de la peindre   subtils
inaccessible aux enfants, et d'un visage renfro-   * occupé
gné, sourcilleux et terrible. Qui me l'a masquée
580 de ce faux visage, pâle et hideux? Il n'est rien
plus gai, plus gaillard, plus enjoué, et à peu que*   * peu s'en faut
je ne dise folâtre. Elle ne prêche que fête et bon   que
temps. Une mine triste et transie montre que
ce n'est pas là son gîte*. Démétrius le Gram-   * demeure

---

1. *Teodoro Gaza* : philologue byzantin (1398-1495), venu de Constantinople en
Italie vers 1445, auteur de traductions et d'une grammaire grecque, très répandue
à l'époque de Montaigne; type de l'humaniste érudit; 2. Dans la leçon telle que
Montaigne l'entend.

QUESTIONS

33. Comment Montaigne conçoit-il cet enseignement de la philosophie? Est-il fort soucieux de métaphysique? — En quoi la conception
de Montaigne est-elle celle de la Renaissance?

585 mairien rencontrant dans le temple de Delphes
une troupe de philosophes assis ensemble, il
leur dit : « Ou je me trompe, ou, à vous voir
la contenance si paisible et si gaie, vous n'êtes
pas en grand discours* entre vous. » A quoi l'un   * entretien
590 d'eux, Héracléon le Mégarien, répondit : « C'est
à faire à ceux qui cherchent si le futur du verbe
βάλλω* a double λ**, ou qui cherchent la déri-   * ballô ** lambda
vation des comparatifs χείρον et βέλτιον*, et des   * kheirone et bel-
superlatifs χείριστον et βέλτιστον*, qu'il faut   tione
595 rider le front, s'entretenant de leur science. Mais   * kheiristone et
quant aux discours de la philosophie, ils ont   beltistone
accoutumé d'égayer et réjouir ceux qui les
traitent, non les renfrogner et contrister[1]. »

600   II *Deprendas animi tormenta latentis in aegro*
   Corpore, deprendas et gaudia : sumit utrumque
   Inde habitum facies[2].

I L'âme qui loge la philosophie, doit par sa santé
rendre sain encore le corps. Elle doit faire luire
jusques au dehors son repos et son aise; doit
605 former à son moule le port extérieur, et l'armer
par conséquent d'une gracieuse fierté, d'un maintien actif et allègre, et d'une contenance contente
et débonnaire*. III La plus expresse marque de   * douce et bonne
la sagesse, c'est une éjouissance constante : son
610 état est comme des choses au-dessus de la Lune :
toujours serein. I C'est « Barroco » et « Bara-
lipton[3] » qui rendent leurs suppôts* ainsi crottés   * serviteurs
et enfumés, ce n'est pas elle : ils ne la connaissent
que par ouï-dire. Comment? elle fait état* de   * elle se propose
615 sereiner* les tempêtes de l'âme, et d'apprendre   * calmer
la faim et les fièvres[4] à rire, non par quelques

---

1. D'après Plutarque, *Des oracles qui ont cessé*, V; 2. « Dans un corps mal en point
on sent l'âme inquiète. Mais on devine aussi ses plaisirs : le visage reflète chaque
état » (Juvénal, *Satires*, IX, 18); 3. Deux des dix-neuf formules barbares par lesquelles
on désignait, dans l'ancienne logique, les formes de syllogisme; 4. Apprendre à ceux
qui ont faim et qui ont la fièvre.

Épicycles[1] imaginaires, mais par raisons naturelles et palpables. (34)

[LA VERTU]

620 III Elle a pour son but la vertu, qui n'est pas,
comme dit l'école[2], plantée à la tête* d'un mont   * au sommet
coupé*, raboteux et inaccessible. Ceux qui l'ont   * abrupt
approchée la tiennent*, au rebours, logée dans   * jugent
une belle plaine fertile et fleurissante, d'où elle
voit bien sous soi toutes choses; mais si* peut-on   * cependant
625 y arriver, qui* en sait l'adresse, par des routes   * si on
ombrageuses, gazonnées et doux fleurantes,
plaisamment*, et d'une pente facile et polie,   * agréablement
comme est celle des voûtes célestes. Pour n'avoir
hanté cette vertu suprême, belle, triomphante,
630 amoureuse, délicieuse pareillement et* coura-   * et en même
geuse, ennemie professe* et irréconciliable d'ai-   temps
greur, de déplaisir, de crainte et de contrainte,   * déclarée
ayant pour guide nature, fortune et volupté pour
compagnes; ils sont allés, selon leur faiblesse,
635 feindre* cette sotte image, triste, querelleuse,   * forger
dépite*, menaceuse, mineuse[3], et la placer sur   * chagrine
un rocher, à l'écart, emmy* des ronces, fantôme   * au milieu de
à étonner* les gens. [...]   * frapper d'effroi

III [La vraie vertu] sait être riche et puissante
640 et savante, et coucher dans des matelas musqués*.   * qui sentent le
Elle aime la vie, elle aime la beauté et la gloire   musc
et la santé. Mais son office propre et particulier,
c'est savoir user de ces biens là réglément*, et   * avec règle
les savoir perdre constamment* : office bien plus   * avec constance
645 noble qu'âpre, sans lequel tout cours de vie est

---

1. *Épicycle* (terme d'astronomie et d'astrologie) : petit cercle dont le centre par-
court la circonférence d'un plus grand; 2. *L'école :* la philosophie scolastique;
3. *Mineuse :* adjectif probablement dérivé de *mine*, et signifiant « qui fait une mine
renfrognée ».

━━━━━━ **QUESTIONS** ━━━━━━

34. Dans quel passage Montaigne fait-il la critique de la philosophie
médiévale? — Montrez que Montaigne rejoint un idéal de sagesse antique.
Ne retrouve-t-on pas quelques traits stoïciens dans ce passage?

dénaturé, turbulent et difforme, et y peut-on
justement attacher ces écueils, ces halliers et ces
monstres[1]. Si ce disciple se rencontre de si
diverse* condition, qu'il aime mieux ouïr une   * étrange
650 fable* que la narration d'un beau voyage ou   * conte en l'air
un sage propos quand il l'entendra*; qui, au son   * comprendra
du tambourin* qui arme la jeune ardeur de ses   * tambour
compagnons, se détourne* à** un autre qui   * se tourne
l'appelle au jeu des bateleurs; qui, par souhait,   ** vers
655 ne trouve plus plaisant et plus doux revenir poudreux et victorieux d'un combat, que de la
paume* ou du bal avec le prix de cet exercice :   * jeu de paume
je n'y trouve autre remède, sinon que de bonne
heure son gouverneur l'étrangle, s'il est sans
660 témoins, ou qu'on le mette pâtissier dans quelque
bonne ville, fût-il fils d'un duc, suivant le précepte de Platon[2] qu'il faut colloquer* les enfants   * placer
non selon les facultés de leur père, mais selon
les facultés de leur âme. [...] **(35)**

[UNE ÉDUCATION LIBRE]

665 [1] Pour tout ceci, je ne veux pas qu'on empri-
sonne ce garçon. Je ne veux pas qu'on l'aban-
donne à l'humeur mélancolique* d'un furieux**   * coléreuse
maître d'école. Je ne veux pas corrompre son   ** dément
esprit à le tenir à la géhenne* et au travail, à la   * torture

---

1. On peut voir la vie sous ses aspects effrayants, qui sont les aspects mêmes que
l'on donne faussement à la philosophie. Rappel des images employées aux lignes 635-
637 et qui sont toujours destinées à caractériser la philosophie scolastique, qui a
conservé les traditions médiévales; 2. Platon, *la République*, III, 415, et IV, 423.

——— **QUESTIONS** ———

35. L'allégorie de la vertu : en quoi est-elle celle d'un humaniste?
Étudiez l'art des images. — Cette conception de la vertu est-elle celle
du Moyen Age? Relevez dans le premier paragraphe les mots qui défi-
nissent le mieux la morale de Montaigne et comparez-la à celle de Rabelais. — Montrez que, dans le deuxième paragraphe, Montaigne oppose
une morale de renoncement à une morale du bon usage des biens de
ce monde. — L'humour de Montaigne dans le dernier paragraphe.

670 mode des autres, quatorze ou quinze heures par
jour, comme un portefaix. **III** Ni ne trouverais
bon, quand par quelque complexion solitaire et
mélancolique* on le verrait adonné d'une application trop indiscrète* à l'étude des livres, qu'on
675 la lui nourrît* : cela les rend inaptes à la conversation civile* et les détourne de meilleures occupations. Et combien ai-je vu de mon temps
d'hommes abêtis par téméraire* avidité de
science ? Carnéade s'en trouva si affolé*, qu'il
680 n'eut plus de loisir de se faire le poil et les ongles[1].
I Ni ne veux[2] gâter ses mœurs généreuses par
l'incivilité et barbarie d'autrui. La sagesse française a été anciennement en proverbe, pour une
sagesse qui prenait de bonne heure, et n'avait
685 guère de tenue*. A la vérité, nous voyons encore
qu'il n'est rien si gentil* que les petits enfants
en France ; mais ordinairement ils trompent
l'espérance qu'on en a conçue, et, hommes
faits, on n'y voit aucune excellence. J'ai ouï
690 tenir* à gens d'entendement que ces collèges où
on les envoie, de quoi ils* ont foison, les abru-
tissent ainsi.

Au nôtre, un cabinet, un jardin, la table et
le lit, la solitude, la compagnie, le matin et le
695 vêpre*, toutes heures lui seront unes**, toutes
places lui seront étude : car la philosophie, qui,
comme formatrice des jugements et des mœurs,
sera sa principale leçon, a ce privilège de se
mêler partout. Isocrate l'orateur, étant prié en
700 un festin de parler de son art, chacun trouve
qu'il eut raison de répondre : « Il n'est pas
maintenant temps de ce que je sais faire ; de
ce de quoi il est maintenant temps, je ne le sais
pas faire[3]. » Car de présenter des harangues ou
705 des disputes* de rhétorique à une compagnie
assemblée pour rire et faire bonne chère, ce
serait un mélange de trop mauvais accord. Et

* sombre
* excessive
* développât
* vie en société

* inconsidérée
* rendu fou

* constance
* noble

* affirmer
* on a

* le soir
** identiques

* discussions

---

1. D'après Diogène Laërce, *Vie de Carnéade*, IV, 62 ; 2. Reprise du mouvement
commencé à *Ni ne trouverais bon ;* 3. Transcrit littéralement de la traduction des
Propos de table, I, I, de Plutarque, par Amyot.

autant en pourrait-on dire de toutes les autres
sciences. Mais, quant à la philosophie, en la
710 partie où elle traite de l'homme et de ses devoirs
et offices*, ç'a été le jugement commun de tous   * tâches
les sages, que, pour la douceur de sa conversation,
elle ne devait être refusée* ni aux festins ni aux   * mise à l'écart
jeux. Et Platon l'ayant invitée à son *Convive*[1],
715 nous voyons comme elle entretient* l'assistance   * tient occupée
d'une façon molle* et accommodée au temps   * douce
et au lieu, quoique ce soit de ses plus hauts
discours et plus salutaires :

> Aeque pauperibus prodest, locupletibus aeque ;
720 > Et, neglecta, aeque pueris senibusque nocebit[2].

Ainsi, sans doute, il chômera* moins que les   * il sera moins
autres. Mais, comme les pas que nous employons   inoccupé
à nous promener dans une galerie, quoiqu'il y
en ait trois fois autant, ne nous lassent pas comme
725 ceux que nous mettons à quelque chemin des-
seigné*, aussi notre leçon, se passant comme par   * fixé d'avance
rencontre, sans obligation de temps et de lieu,
et se mêlant à toutes nos actions, se coulera sans
se faire sentir. Les jeux mêmes et les exercices
730 seront une bonne partie de l'étude : la course,
la lutte, III la musique, I la danse, la chasse, le
maniement des chevaux et des armes. Je veux
que la bienséance extérieure, et l'entregent[3]
III et la disposition* de la personne, I se façonne   * qualité de celui
735 quant et quant* l'âme. Ce n'est pas une âme,   qui est dispos
ce n'est pas un corps qu'on dresse : c'est un   * en même temps
homme; il n'en faut pas faire à deux[4]. Et, comme   que
dit Platon, il ne faut pas les dresser l'un sans
l'autre, mais les conduire également, comme
740 un couple de chevaux attelés à même timon[5].

---

1. *Le Banquet* (ainsi appelé, à cause de sa traduction latine *Convivium*), dialogue
sur l'amour idéal, qui finit par apparaître comme l'amour du beau et de la sagesse;
2. « Elle est utile au pauvre, utile au riche aussi; l'enfant comme le vieillard pâtira,
s'il la néglige » (Horace, *Epîtres*, I, I, 25); 3. *Entregent :* habileté à se conduire parmi
les gens; 4. Il ne faut pas les séparer (gasconisme); 5. Idée exprimée par Platon dans
le *Phèdre* et reprise par Plutarque (*les Règles et préceptes de santé*, 301).

III Et, à l'ouïr*, semble-t-il pas prêter plus de   * entendre
temps et plus de sollicitude aux exercices du
corps, et estimer que l'esprit s'en exerce quant
et quant, et non au rebours[1]. (36)

[LA « SÉVÈRE DOUCEUR »]

745   **I** Au demeurant, cette institution se doit
conduire par une sévère douceur, non comme
il se fait. Au lieu de convier les enfants aux
lettres, on ne leur présente, à la vérité, que
horreur et cruauté. Otez-moi la violence et la
750 force : il n'est rien à mon avis qui abâtardisse
et étourdisse si fort une nature bien née. Si vous
avez envie qu'il craigne la honte et le châtiment,
ne l'y endurcissez pas. Endurcissez-le à la sueur
et au froid, au vent, au soleil et aux hasards
755 qu'il lui faut mépriser; ôtez-lui toute mollesse
et délicatesse au vêtir et coucher, au manger et
au boire; accoutumez-le à tout. Que ce ne soit
pas un beau garçon et dameret*, mais un garçon   * délicat comme
vert et vigoureux. **III** Enfant, homme, vieil, j'ai   une dame
760 toujours cru et jugé de même. Mais, entre autres
choses, cette police* de la plupart de nos col-   * organisation
lèges m'a toujours déplu. On eût failli à l'aventure* moins dommageablement, s'inclinant vers   * peut-être
l'indulgence. C'est une vraie geôle de jeunesse
765 captive. On la rend débauchée, l'en punissant
avant qu'elle le soit. Arrivez-y sur le point de   * au moment des
leur office* : vous n'oyez** que cris et d'enfants   exercices
suppliciés, et de maîtres enivrés en leur colère.   ** n'entendez
Quelle manière pour éveiller l'appétit envers
770 leur leçon, à ces tendres âmes et craintives, de

---

1. L'esprit s'exerce avec le corps, mais le contraire n'est pas vrai (Platon, *les Lois*,
V, VII).

——————— **QUESTIONS** ———————

36. Où retrouvez-vous le souci de former un « honnête homme »? —
Que pense Montaigne des rapports entre la philosophie et la vie? — Relevez une formule, particulièrement importante dans ce passage, qui résume
un des principes essentiels de cette éducation.

les y guider d'une trogne effroyable, les mains armées de fouets? Inique et pernicieuse forme*. Joint* ce que Quintilien[1] en a très bien remarqué, que cette impérieuse autorité tire* des suites
775 périlleuses, et nommément à* notre façon de châtiment[2]. Combien leurs classes seraient plus décemment jonchées de fleurs et de feuilles que de tronçons d'osier sanglants. J'y ferais pourtraire* la joie, l'allégresse, et Flora[3] et les Grâces,
780 comme fit en son école le philosophe Speusippe[4]. Où est leur profit, que ce fût aussi leur ébat*. On doit ensucrer les viandes* salubres à l'enfant, et enfieller* celles qui lui sont nuisibles. [...] (37)

* façon d'agir
* sans parler de
* entraîne
* notamment avec

* représenter

* loisir
* nourritures
* entourer de fiel

[LA PAROLE ET LA VIE]

III Le vrai miroir de nos discours est le cours
785 de nos vies.

I Zeuxidamus répondit à un qui lui demanda pourquoi les Lacédémoniens ne rédigeaient par écrit les ordonnances* de la prouesse**, et ne les donnaient à lire à leurs jeunes gens : que
790 c'était parce qu'ils les voulaient accoutumer aux faits, non pas aux paroles[5]. Comparez, au bout de quinze ou seize ans, à cettui-ci* un de ces latineurs de collège, qui aura mis autant de temps à n'apprendre simplement qu'à parler. Le monde
795 n'est que babil, et ne vis jamais homme qui ne die* plutôt plus que moins qu'il ne doit; toutefois la moitié de notre âge* s'en va là. On nous tient

* règlements
** vaillance militaire

* *Zeuxidamus*

* dise
* vie

1. Quintilien, *De institutione oratoria*, I, 3; cet ouvrage sur *la Formation de l'orateur* touche en fait à tous les problèmes pédagogiques; 2. Les châtiments corporels étaient de règle dans les collèges; 3. *Flora* : déesse romaine du Printemps; 4. Diogène Laërce, *Vie de Speusippe*, IV, 1. Speusippe, neveu de Platon, avait succédé à son oncle à la direction de son école de philosophie; 5. D'après Plutarque, *Dits notables des Lacédémoniens*.

─────── QUESTIONS ───────

37. Montaigne est-il le seul à faire, au XVIᵉ siècle, la critique des collèges? Que pensez-vous de ces critiques? Montaigne n'a-t-il pas cependant tiré profit de cet enseignement? — L'originalité de la pensée de Montaigne : respecter la liberté de l'enfant, mais lui « roidir » l'âme et le corps.

INTÉRIEUR
D'ÉCOLE AU
XVIᵉ SIÈCLE

D'après
le frontispice
d'un ouvrage
du grammairien
Alexandre
d'Imola.

Bibliothèque
nationale.

Phot.
Musée d'histoire
de l'éducation.

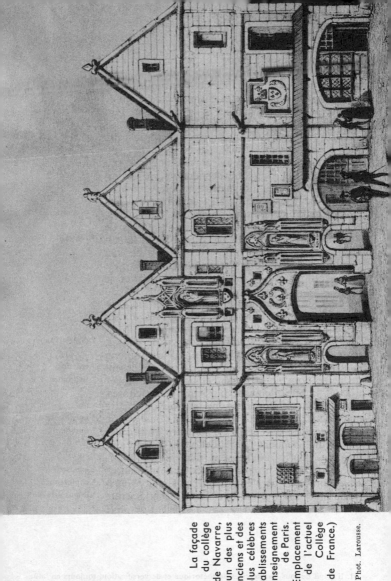

La façade
du collège
de Navarre,
un des plus
anciens et des
plus célèbres
établissements
d'enseignement
de Paris.
(Emplacement
de l'actuel
Collège
de France.)

Phot. Larousse.

quatre ou cinq ans à entendre les mots et les
coudre en clauses*; encore autant à en propor-
800 tionner un grand corps, étendu en quatre ou
cinq parties; et autres cinq, pour le moins, à les
savoir brièvement mêler et entrelacer de quelque
subtile façon[1]. Laissons-le* à ceux qui en font
profession expresse.

805   Allant un jour à Orléans, je trouvai, dans cette
plaine au-deçà de Cléry, deux régents* qui
venaient à Bordeaux, environ à cinquante pas
l'un de l'autre. Plus loin, derrière eux, je décou-
vris une troupe et un maître en tête, qui était
810 feu monsieur le comte de La Rochefoucauld. Un
de mes gens* s'enquit au premier de ces régents,
qui était ce gentilhomme qui venait auprès de
lui. Lui, qui n'avait pas vu ce train* qui le sui-
vait, et qui pensait qu'on lui parlât de son
815 compagnon, répondit plaisamment : « Il n'est
pas gentilhomme; c'est un grammairien et je
suis logicien. » Or nous qui cherchons ici, au
rebours, de former non un grammairien ou logicien, mais un gentilhomme, laissons-les abuser
820 de leur loisir; nous avons affaire ailleurs. Mais
que* notre disciple soit bien pourvu de choses,
les paroles ne suivront que trop : il les traînera,
si elles ne veulent suivre. J'en ois* qui s'excusent
de ne se pouvoir exprimer, et font contenance*
825 d'avoir la tête pleine de plusieurs belles choses,
mais, à faute d'éloquence, ne les pouvoir mettre
en évidence : c'est une baye*. Savez-vous, à mon
avis, que c'est que cela? Ce sont des ombrages*
qui leur viennent de quelques conceptions
830 informes, qu'ils ne peuvent démêler et éclair-
cir au-dedans, ni par conséquent produire*
au-dehors : ils ne s'entendent* pas encore eux-
mêmes [...] De ma part, je tiens*, III et Socrate
l'ordonne, I que, qui a en l'esprit une vive

* phrases

* cela

* professeurs

* domestiques

* cortège

* pourvu que

* entends
* se donnent l'air

* mystification
* ombres

* exposer
* comprennent
* je suis persuadé

---

1. Il s'agit de tous les exercices de rhétorique et de versification, toujours en latin.

835 imagination* et claire, il la produira, soit en
Bergamasque¹, soit par mines s'il est muet :

Verbaque praevisam rem non invita sequentur².

Et comme disait celui-là, aussi poétiquement en
sa prose, « *cum res animum occupavere, verba am-*
840 *biunt* ³. » III Et cet autre : « *Ipsae res verba rapiunt* ⁴. »
I Il ne sait pas ablatif, conjonctif, substantif, ni
la grammaire; ne fait pas son laquais⁵ ou une
harengère du Petit-Pont⁶, et si* vous entretien-
dront tout votre soûl, si vous en avez envie,
845 et se déferreront* aussi peu, à l'aventure**, aux
règles de leur langage, que le meilleur maître ès
arts⁷ de France. Il ne sait pas la rhétorique, ni,
pour avant-jeu*, capter la bénivolence** du
candide* lecteur, ni ne lui chaut** de le savoir.
850 De vrai, toute belle peinture s'efface aisément
par le lustre* d'une vérité simple et naïve. Ces
gentillesses ne servent que pour amuser le vulgaire, incapable de prendre la viande* plus mas-
sive et plus ferme, comme Afer montre bien
855 clairement chez Tacite⁸. Les ambassadeurs de
Samos étaient venus à Cléoménès, roi de Sparte,
préparés d'une belle et longue oraison*, pour
l'émouvoir* à la guerre contre le tyran Poly-
crate! Après qu'il les eut bien laissé dire, il leur
860 répondit : « Quant à votre commencement et
exorde, il ne m'en souvient plus, ni par conséquent du milieu; et quant à votre conclusion,
je n'en veux rien faire. » Voilà une belle réponse,
ce me semble, et des harangueurs bien
865 camus*. [...]

Marginal glosses:
* idée
* cependant
* se déconcerte-
  ront
** peut-être
* prélude
** bienveillance
* de bonne foi
** peu lui importe
* éclat
* nourriture
* discours
* déterminer
* déconfits

---

1. Ce dialecte semble avoir été considéré alors comme un des plus grossiers de l'Italie; 2. « Voit-il son sujet, les mots ne feront aucune difficulté à suivre » (Horace, *Art poétique*, 311); 3. « Quand les choses ont saisi l'esprit, les mots foisonnent » (Sénèque, *Controverses*, liv. III); 4. « Les choses entraînent les paroles » (Cicéron, *De finibus*, III, 5); 5. Son laquais ne le sait pas non plus. Emploi du verbe *faire* pour remplacer un verbe quelconque précédemment exprimé; 6. *Le Petit-Pont* : un des ponts de Paris, reliant la rive gauche de la Seine à l'île de la Cité; le marché au poisson et à la volaille s'y tenait; 7. *Maître ès arts* : titre universitaire qui donnait droit d'enseigner les lettres; 8. Tacite, *Dialogue des orateurs*, XIX. Lire *Aper* au lieu de *Afer*, qui est une erreur de Montaigne.

I Voire* mais, que fera-t-il si on le presse de la   * oui
subtilité sophistique de quelque syllogisme : le
jambon fait boire, le boire désaltère, par quoi
le jambon désaltère¹? III Qu'il s'en moque. Il est
870 plus subtil de s'en moquer que d'y répondre.

Qu'il emprunte d'Aristippe² cette plaisante
contre-finesse : « Pourquoi le délierai-je, puisque,
tout lié, il m'empêche*? » Quelqu'un proposait   * gêne
contre Cléanthe des finesses dialectiques, à qui
875 Chrysippe dit : « Joue-toi de ces battelages*   * tours d'adresse
avec les enfants, et ne détourne à cela les pensées
sérieuses d'un homme d'âge³. » I Si ces sottes
arguties, III « *contorta et aculeata sophismata*⁴ »,
I lui doivent persuader un mensonge, cela est
880 dangereux; mais si elles demeurent sans effet
et ne l'émeuvent qu'à rire, je ne vois pas pourquoi il s'en doive donner garde. [...] III Je tords
bien plus volontiers une bonne sentence pour
la coudre sur moi, que je ne tords mon fil* pour   * mon propos
885 l'aller quérir. I Au rebours c'est aux paroles
à servir et à suivre, et que le Gascon y arrive,
si le Français n'y peut aller. Je veux que les
choses surmontent⁵, et qu'elles remplissent de
façon l'imagination de celui qui écoute, qu'il
890 n'ait aucune souvenance des mots. Le parler
que j'aime, c'est un parler simple et naïf*, tel   * naturel
sur le papier qu'à la bouche; un parler succulent
et nerveux, court et serré, III non tant délicat
et peigné comme* véhément et brusque :   * que

895   *Haecdemum sapiet dictio, quae feriet*⁶,

I plutôt difficile qu'ennuyeux, éloigné d'affectation et d'artifice, déréglé, décousu et hardi :

1. Exemple de sophisme; 2. Tiré de Diogène Laërce, *Vie d'Aristippe*, II, 70; *Aristippe de Cyrène*, philosophe grec du IVᵉ siècle avant J.-C., passe pour avoir proposé
la recherche du plaisir comme fondement de la morale; il ne reste aucun écrit de
lui; 3. Tiré de Diogène Laërce, *Vie de Chrysippe*, VII, 182; *Chrysippe* et *Cléanthe*
(IIᵉ siècle avant J.-C.) sont deux maîtres de l'école stoïcienne; 4. « Sophismes entor-
tillés et pointus » (Cicéron, *Académiques*, II, 24); 5. Que la réalité des faits racontés
et de la pensée exprimée soit plus forte que les mots employés pour les raconter ou
l'exprimer; 6. « Une expression ne plaira que quand elle frappera » (Épitaphe de
Lucain).

chaque lopin y fasse son corps[1]; non pédantesque, non fratesque[2], non plaideresque*, mais
900 plutôt soldatesque, comme Suétone appelle celui
de Jules César[3]; III et si*, ne sens pas bien pourquoi il l'en appelle [...] (38) (39)

* de l'avocat

* pourtant

CHAPITRE XXVIII

DE L'AMITIÉ

[LE MYSTÈRE DE L'AMITIÉ]

I [...] Au demeurant, ce que nous appelons ordinairement amis et amitiés, ce ne sont qu'accointances* et familiarités nouées par quelque occasion ou commodité* par le moyen de laquelle
5 nos âmes s'entretiennent*. En l'amitié de quoi**
je parle, elles se mêlent et confondent l'une en
l'autre, d'un mélange si universel, qu'elles
effacent et ne retrouvent plus la couture qui les
a jointes. Si on me presse de dire pourquoi je
10 l'aimais, je sens que cela ne se peut exprimer,
III qu'en répondant : « Parce que c'était lui;
parce que c'était moi. »

* relations

* avantage, profit

* se tiennent ensemble ** de laquelle

I Il y a, au-delà de tout mon discours*, et de
ce que j'en puis dire particulièrement, je ne sais

* propos

---

1. Que chaque morceau *(lopin)* de phrase y crée quelque chose de solide, de consistant *(corps)*; 2. *Fratesque* : semblable au style de prédicateur. L'adjectif semble ironiquement créé par Montaigne sur *frater* (« frère »), terme courant pour désigner les moines prêcheurs. — L'adjectif suivant *plaideresque* est formé selon le même jeu. 3. Suétone, *Vie de César*, LV.

--- QUESTIONS ---

38. Appréciez le bon sens et la sagesse de Montaigne dans le premier paragraphe. — Précisez l'idée que Montaigne se fait du langage. Ne peut-on en voir les prolongements au XVIIe siècle? — En quoi le style de Montaigne dans les *Essais* est-il ce « parler simple et naïf »? Voyez-vous pourquoi il a parfois déplu au XVIIe siècle?

39. SUR L'ENSEMBLE DES EXTRAITS DU CHAPITRE XXVI. — Dans quelle mesure Montaigne incarne-t-il l'idéal de la Renaissance? Dans quelle mesure annonce-t-il J.-J. Rousseau?

— Quels sont les aspects de cette éducation dont nous pouvons faire notre profit aujourd'hui?

15 quelle force inexplicable et fatale*, médiatrice
de cette union. **III** Nous nous cherchions avant
que de nous être vus, et par des rapports que nous
oyïons* l'un de l'autre, qui faisaient en notre
affection plus d'effort que ne porte la raison des
20 rapports[1], je crois par quelque ordonnance du
ciel : nous nous embrassions par nos noms. Et
à notre première rencontre, qui fut par hasard
en une grande fête et compagnie* de ville, nous
nous trouvâmes si pris, si connus, si obligés*
25 entre nous, que rien dès lors ne nous fut si
proche que l'un à l'autre. Il écrivit une satire
latine excellente, qui est publiée[2], par laquelle
il excuse et explique la précipitation de notre
intelligence*, si promptement parvenue à sa per-
30 fection. Ayant si peu à durer, et ayant si tard
commencé, car nous étions tous deux hommes
faits, et lui plus de quelque année[3], elle n'avait
point à perdre temps, et à se régler au patron*
des amitiés molles et régulières, auxquelles il faut
35 tant de précautions de longue et préalable conver-
sation*. Cette-ci n'a point d'autre idée** que
d'elle-même, et ne se peut rapporter qu'à soi.
I Ce n'est pas une spéciale considération[4], ni
deux, ni trois, ni quatre, ni mille : c'est je ne
40 sais quelle quintessence de tout ce mélange, qui,
ayant saisi toute ma volonté, l'amena se plonger
et se perdre dans la sienne; **III** qui, ayant saisi
toute sa volonté, l'amena se plonger et se perdre
en la mienne, d'une faim, d'une concurrence*
45 pareille. **I** Je dis perdre, à la vérité, ne nous
réservant rien qui nous fût propre, ni qui fût
ou sien ou mien. [...]

Nos âmes ont charrié si uniment ensemble,
elles se sont considérées d'une si ardente affec-
50 tion, et de pareille affection découvertes jusques

* voulue par le destin

* entendions

* réunion
* liés

* bonne entente

* sur le modèle

* fréquentation
** type, modèle (sens platoni-cien)

* émulation

---

1. Plus d'effet que ne le comportent raisonnablement les rapports. 2. Il s'agit d'une pièce de vers latine, publiée par La Boétie en 1572, dans laquelle l'auteur célèbre son amitié avec Montaigne; 3. La Boétie avait vingt-huit ans et Montaigne vingt-cinq. Le singulier *quelque année* signifie « une année à peu près »; 4. Une estime née d'un motif particulier.

au fin fond des entrailles l'une à l'autre, que,
non seulement je connaissais la sienne comme
la mienne, mais je me fusse certainement plus
volontiers fié à lui de moi qu'à moi.

55   Qu'on ne me mette pas en ce rang ces autres
amitiés communes : j'en ai autant de connaissance qu'un autre, et des plus parfaites de leur
genre, II mais je ne conseille pas qu'on confonde
leurs règles : on s'y tromperait. Il faut marcher
60 en ces autres amitiés la bride à la main, avec
prudence et précaution; la liaison n'est pas nouée
en manière qu'on n'ait aucunement à s'en défier.
Aimez-le (disait Chilon[1]) comme ayant quelque
jour à le haïr; haïssez-le, comme ayant à l'aimer.
65 Ce précepte, qui est abominable en cette souveraine et maîtresse amitié, il est salubre en l'usage
des amitiés ordinaires III et coutumières, à l'endroit desquelles il faut employer le mot qu'Aristote avait très familier : « O mes amis, il n'y a
70 nul ami[2]. »

    I En ce noble commerce*, les offices** et les   * échange ** ser-
bienfaits, nourriciers des autres amitiés, ne   vices rendus
méritent pas seulement d'être mis en compte :
cette confusion* si pleine de nos volontés en   * union étroite
75 est cause. Car, tout ainsi que l'amitié que je
me porte, ne reçoit point augmentation pour le
secours que je me donne au* besoin, quoi que   * dans le
dient* les stoïciens, et comme je ne me sais   * disent
aucun gré du service que je me fais : aussi l'union
80 de tels amis étant véritablement parfaite, elle leur
fait perdre le sentiment de tels devoirs, et haïr
et chasser d'entre eux ces mots de division et
de différence[3] : bienfait, obligation, reconnaissance, prière, remerciement, et leurs pareils.
85 Tout étant par effet* commun entre eux, volon-   * réellement
tés, pensements*, jugements, biens, femmes,   * pensées
enfants, honneur et vie, III et leur convenance*   * harmonie

---

1. *Chilon*, un des sept sages de la Grèce (v. Aulu-Gelle, I, 3); généralement, ce propos est attribué à Bias (Cicéron, *De amicitia*, XVI); 2. Diogène Laërce, *Vie d'Aristote*, V, 16; 3. Mots qui créent des divisions et des différences.

n'étant qu'une âme en deux corps selon la très
propre définition d'Aristote[1], ils ne se peuvent
90 ni prêter ni donner rien. [...] **(40)**

[LE SOUVENIR DE LA BOÉTIE]

L'ancien Ménandre[2] disait celui-là heureux,
qui avait pu rencontrer seulement l'ombre d'un
ami. Il avait certes raison de le dire, même* s'il   * surtout
en avait tâté*. Car, à la vérité, si je compare   * fait l'expérience
95 tout le reste de ma vie, quoique avec la grâce
de Dieu je l'aie passée douce, aisée et, sauf la
perte d'un tel ami, exempte d'affliction pesante,
pleine de tranquillité d'esprit, ayant pris en
paiement* mes commodités naturelles et origi-   * m'étant
100 nelles sans en rechercher d'autres : si je la com-   contenté de
pare, dis-je, toute aux quatre années qu'il m'a
été donné de jouir de la douce compagnie et
société de ce personnage, ce n'est que fumée,
ce n'est qu'une nuit obscure et ennuyeuse. Depuis
105 le jour que je le perdis,

> *quem semper acerbum,*
> *Semper honoratum (sic, Dii, voluistis) habebo*[3],

je ne fais que traîner languissant; et les plaisirs
mêmes qui s'offrent à moi, au lieu de me conso-
110 ler, me redoublent le regret de sa perte. Nous

---

1. Diogène Laërce, *Vie d'Aristote*, v, 20; 2. *Ménandre* (342-292 avant J.-C.) : poète
comique, cité ici par Plutarque, *De l'amitié fraternelle* ; 3. « Ce jour, sans cesse amer
et sans cesse honoré, ô dieux qui l'avez voulu ! » (Virgile, *l'Enéide*, v, 49).

QUESTIONS

40. Montrez comment, pour Montaigne, cette amitié n'est pas fondée
en raison. — L'émotion de Montaigne : comment se traduit-elle dans
le style de cet essai? — Appréciez l'art du « je ne sais quoi » dans la
peinture psychologique de cette amitié. — Montrez, d'après les additions
de l'exemplaire de Bordeaux, que Montaigne prend de mieux en mieux
conscience de son amitié.

étions à* moitié de** tout; il me semble que   * de ** en
je lui dérobe sa part,

> *Nec fas esse ulla me voluptate hic frui*
> *Decrevi, tantisper dum ille abest meus particeps*[1].

115 J'étais déjà si fait et accoutumé à être deuxième
partout, qu'il me semble n'être plus qu'à demi.

> II *Illam meae si partem animae tulit*
> *Maturior vis, quid moror altera,*
> *Nec carus aeque, nec superstes*
> 120   *Integer? Ille dies utramque*
> *Duxit ruinam*[2].

I Il n'est action ou imagination où je ne le trouve   * regrette son
à dire*, comme si eût-il bien fait à moi[3]. Car,   absence
de même qu'il me surpassait d'une distance   * capacité
125 infinie en toute autre suffisance* et vertu, aussi
faisait-il au devoir de l'amitié. [...] **(41) (42)**

CHAPITRE XXXIX
DE LA SOLITUDE

[SAVOIR ÊTRE SEUL]

I [...] Or, puisque nous entreprenons de vivre
seuls et de nous passer de compagnie, faisons
que notre contentement dépende de nous;
déprenons-nous de toutes les liaisons qui nous
5 attachent à autrui, gagnons sur nous de pouvoir   * vraiment
à bon escient* vivre seuls et y vivre à notre aise.

---

1. « J'entendis me priver à jamais de plaisir puisqu'il n'était plus là pour partager
ma vie » (Térence, *Heautontimoroumenos*, I, I, 97); 2. « Puisqu'un coup prématuré
a emporté cette part de mon âme, que fais-je ici, moi son autre moitié, moi qui ne
m'aime et ne me survis point tout entier? Ce même jour a causé notre perte à tous
deux » (Horace, *Odes*, II, XVII, 5); 3. De la façon dont il aurait regretté mon absence.
Le verbe *faire* remplace l'idée du verbe précédemment exprimé.

--- QUESTIONS ---

41. En quoi l'amitié de Montaigne pour La Boétie fut-elle un moment
privilégié de sa vie? — D'après ce passage, quelle idée vous faites-vous
de Michel de Montaigne? — Cette amitié avait-elle une signification
morale?

42. SUR L'ENSEMBLE DES EXTRAITS DU CHAPITRE XXVIII. — Montrez que
Montaigne vit à l'antique cette amitié exceptionnelle. Cherchez, dans la
littérature antique, des exemples d'amitié rare.

Stilpon, étant échappé de l'embrasement de sa
ville, où il avait perdu femme, enfants et che-
vance*, Démétrius Poliorcète, le voyant en une
10 si grande ruine de sa patrie le visage non effrayé,
lui demanda s'il n'avait pas eu du dommage. Il
répondit que non, et qu'il n'y avait, Dieu merci,
rien perdu de sien. **III** C'est ce que le philosophe
Antisthène disait plaisamment : que l'homme se
15 devait pourvoir de munitions* qui flottassent sur
l'eau et pussent à nage* échapper avec lui du
naufrage[1].

I Certes l'homme d'entendement n'a rien
perdu, s'il a soi-même. Quand la ville de Nole
20 fut ruinée par les Barbares, Paulinus[2], qui en
était évêque, y ayant tout perdu, et leur prisonnier, priait ainsi Dieu : « Seigneur, garde-moi
de sentir cette perte, car tu sais qu'ils n'ont
encore rien touché de ce qui est à moi. » Les
25 richesses qui le faisaient riche, et les biens qui
le faisaient · bon, étaient encore en leur entier.
Voilà que c'est* de bien choisir les trésors qui se
puissent affranchir de l'injure*, et de les cacher
en lieu où personne n'aille, et lequel ne puisse
30 être trahi que par nous-mêmes. Il faut avoir
femmes, enfants, biens, et surtout de la santé,
qui peut* ; mais non pas s'y attacher en manière
que notre heur* en dépende. Il se faut réserver
une arrière-boutique toute nôtre, toute franche*,
35 en laquelle nous établissons notre vraie liberté
et principale retraite et solitude. En cette-ci
faut-il prendre notre ordinaire entretien de nous
à nous-mêmes, et si privé* que nulle accoin-
tance* ou communication étrangère y trouve
40 place ; discourir et y rire comme sans femme,
sans enfants et sans biens, sans train* et sans
valets, afin que, quand l'occasion adviendra de
leur perte, il ne nous soit pas nouveau de nous
en passer. Nous avons une âme contournable

ses biens

*approvisionne-
ments*
à la nage

*voilà ce que
c'est*
dommage

si l'on peut
notre bonheur
libre

intime
fréquentation

suite

---

1. Le mot d'Antisthène est cité par Diogène Laërce ; celui de Stilpon, par de nom-
breux auteurs ; 2. Saint Paulin de Nole, clerc lettré d'origine bordelaise (353-431),
évêque de Nola, en Campanie, près de Naples.

45 en soi-même[1]; elle se peut faire compagnie; elle
a de quoi assaillir et de quoi défendre, de quoi
recevoir et de quoi donner; ne craignons pas en
cette solitude nous croupir d'oisiveté ennuyeuse :

II *in solis sis tibi turba locis*[2]. **(43)**

[L'HOMME ET LE MONDE]

50 **III** La vertu, dit Antisthène, se contente de
soi : sans disciplines*, sans paroles, sans effets.   * règles de
  conduite
I En nos actions accoutumées, de mille il n'en
est pas une qui nous regarde. Celui que tu vois
grimpant contremont* les ruines de ce mur,   * vers le haut
55 furieux et hors de soi, en butte de* tant d'arque-   * servant
busades; et cet autre, tout cicatrisé, transi* et   de cible à
pâle de faim, délibéré de crever plutôt que de   * mort de froid
lui ouvrir la porte, penses-tu qu'ils y soient
pour eux? Pour tel, à l'aventure, qu'ils ne virent
60 onques, et qui ne se donne aucune peine de leur
fait, plongé cependant* en l'oisiveté et aux   * pendant ce
délices. Cettui-ci, tout pituiteux, chassieux et   temps
crasseux, que tu vois sortir après minuit d'un
étude*, penses-tu qu'il cherche parmi les livres   * cabinet de tra-
65 comme* il se rendra plus homme de bien, plus   vail
content et plus sage? Nulles nouvelles*. Il y   * comment
mourra, ou il apprendra à la postérité la mesure   * point du tout
des vers de Plaute et la vraie orthographe d'un
mot latin. Qui ne contre-change volontiers la
70 santé, le repos et la vie à la réputation et à la
gloire, la plus inutile, vaine et fausse monnaie
qui soit en notre usage? Notre mort ne nous
faisait pas assez de peur, chargeons-nous encore

---

1. L'âme du solitaire se replie sur elle-même et se donne la réplique. Sa pensée est
un dialogue intérieur; 2. « Sois dans la solitude une foule à toi-même » (Tibulle,
IV, XIII, 12).

—— **QUESTIONS** ——

43. Précisez l'inspiration philosophique de ce passage. — Suffit-il pour
Montaigne de se détacher des liens familiaux et sociaux? Quelle est la
condition nécessaire pour que cette solitude soit riche? — Quel est le
sens de l'ascèse préconisée par Montaigne?

de celle de nos femmes, de nos enfants et de nos
75 gens. Nos affaires ne nous donnaient pas assez
de peine, prenons* encore à nous tourmenter et
rompre la tête de ceux* de nos voisins et amis.

* mettons-nous
* les affaires
(*masculin* au
XVIᵉ siècle)

> *Vah! quemquamne hominem in animum instituere, aut*
> *Parare, quod sit carius quam ipse est sibi¹?*

80 **III** La solitude me semble avoir plus d'appa-
rence* et de raison à ceux qui ont donné au monde
leur âge plus actif et fleurissant, suivant l'exemple
de Thalès. **(44)**

* vraisemblance

[LA RETRAITE]

I C'est assez vécu* pour autrui, vivons pour
85 nous au moins ce bout de vie. Ramenons à nous
et à notre aise* nos pensées et nos intentions.
Ce n'est pas une légère partie* que de faire
sûrement sa retraite; elle nous empêche* assez
sans y mêler d'autres entreprises. Puisque Dieu
90 nous donne loisir de disposer de notre déloge-
ment*, préparons-nous-y; plions bagage; prenons de bonne heure congé de la compagnie;
dépêtrons-nous de ces violentes prises qui nous
engagent ailleurs et éloignent de nous. Il faut
95 dénouer ces obligations* si fortes, et meshui**
aimer ceci et cela, mais n'épouser rien que soi.
C'est-à-dire : le reste soit à nous, mais non pas
joint et collé en façon qu'on ne le puisse déprendre

* nous avons
assez vécu
* à nos commo-
dités
* entreprise
* embarrasse

* déménagement

* ces liens
** désormais

---

1. « Et comment se peut-il qu'un homme se mette en tête d'aimer quelque objet
plus qu'il ne s'aime lui-même » (Térence, *les Adelphes*, I, i, 38).

QUESTIONS

---

44. Comment Montaigne développe-t-il le thème de notre aliénation?
— Dans le premier exemple, comment fait-il sentir la folie et le ridicule
de la situation? Étudiez : *a)* le choix des mots; *b)* les antithèses; *c)* les
tournures interrogatives. — Le portrait du pédant : pourquoi Montaigne
est-il si sévère à son égard? N'y trouve-t-on pas déjà la sévérité du clas-
sicisme à l'égard de l'érudition? — Quelle est la critique d'ensemble que
fait Montaigne ici? Pourquoi termine-t-il ce paragraphe sur le thème
de la mort? — Ce passage n'ajoute-t-il pas quelques traits au portrait
de Montaigne? Lesquels?

sans nous écorcher et arracher ensemble quelque
100 pièce du nôtre. La plus grande chose du monde,
c'est de savoir être à soi.

   III Il est temps de nous dénouer de la société,
puisque nous n'y pouvons rien apporter. Et qui
ne peut prêter, qu'il se défende d'emprunter. Nos
105 forces nous faillent; retirons-les et resserrons en
nous[1]. Qui peut renverser et confondre* en soi   * détruire
les offices* de l'amitié et de la compagnie, qu'il   * les obligations
le fasse. En cette chute[2], qui le rend inutile,
pesant et importun aux autres, qu'il se garde
110 d'être importun à soi-même, et pesant, et inutile. Qu'il se flatte et caresse, et surtout se
régente*, respectant et craignant sa raison et sa   * se gouverne
conscience, si qu'il* ne puisse sans honte bron-   * de telle sorte
cher en leur présence. « *Rarum est enim ut satis*   qu'il
115 *se quisque vereatur*[3]. »

   Socrate dit que les jeunes se doivent faire
instruire, les hommes s'exercer à bien faire, les
vieils se retirer de toute occupation civile et mili-
taire, vivant à leur discrétion*, sans obligation à   * comme ils l'en-
120 nul certain* office. (45)   tendent
                                                          * déterminé

[SAVOIR VIVRE]

   I Il y a des complexions* plus propres à ces   * tempérament
préceptes de la retraite les unes que les autres.
Celles qui ont l'appréhension molle et lâche[4],
et une affection* et volonté délicate, et qui ne   * désir
125 s'asservit ni s'emploie pas aisément, desquels je
suis et par naturelle condition et par discours*,   * raisonnement
ils[5] se plieront mieux à ce conseil* que les âmes   * dessein

---

1. *Resserrons* a le même complément d'objet *(les)* que *retirons*; 2. Les effets de la
vieillesse; 3. « Il est rare en effet qu'on se respecte assez soi-même » (Quintilien).
4. Les tempéraments qui ne s'attachent pas aux choses avec vigueur; 5. *Ils* représente
non pas *celles*, mais les hommes qui sont doués de ces complexions.

──── **QUESTIONS** ────

   45. En quoi le détachement que nous propose Montaigne est-il chrétien?
En quoi aussi s'éloigne-t-il de l'idéal chrétien? — Comment comprenez-
vous la sentence de Montaigne : « La plus grande chose du monde, c'est
de savoir être à soi »? — Comment, selon Montaigne, le solitaire doit-il
régler son « moi »? — Relevez les différentes images et comparaisons
de ce passage. A quel domaine sont-elles empruntées?

actives et occupées qui embrassent tout et s'engagent partout, qui se passionnent de toutes
130 choses, qui s'offrent, qui se présentent et qui se
donnent à toutes occasions*. Il se faut servir de
ces commodités accidentelles* et hors de nous,
en tant qu'elles nous sont plaisantes, mais sans
en faire notre principal fondement; ce ne l'est
135 pas; ni la raison ni la nature ne le veulent.
Pourquoi contre ses lois[1] asservirons-nous notre
contentement à la puissance d'autrui? D'anti-
ciper aussi les accidents de fortune, se priver des
commodités qui nous sont en main, comme plu-
140 sieurs ont fait par dévotion et quelques philosophes par discours*, se servir soi-même, coucher sur la dure, se crever les yeux, jeter ses
richesses emmi* la rivière[2], rechercher la douleur
(ceux-là pour, par le tourment de cette vie, en
145 acquérir la béatitude d'une autre; ceux-ci pour,
s'étant logés en la plus basse marche, se mettre
en sûreté de* nouvelle chute), c'est l'action d'une
vertu excessive. Les natures plus roides et plus
fortes fassent* leur cachette même glorieuse et
150 exemplaire :

> *tuta et parvula laudo,*
> *Cum res deficiunt, satis inter vilia fortis :*
> *Verum ubi quid melius contingit et unctius, idem*
> *Hos sapere, et solos aio bene vivere, quorum*
155 > *Conspicitur nitidis fundata pecunia villis[3].*

Il y a pour moi assez affaire sans aller si avant.
Il me suffit, sous la faveur de la fortune, me préparer à sa défaveur, et me représenter, étant à
mon aise, le mal à venir, autant que l'imagination
160 y peut atteindre; tout ainsi que nous nous
accoutumons aux joutes et tournois, et contre-
faisons la guerre en pleine paix.

*   en toutes occa-
    sions
*   ces occasions
    favorables

*   raison

*   au milieu de

*   se garantir
    contre

*   que les na-
    tures... fassent

---

1. Il s'agit des lois de la nature; 2. Allusion à des épisodes légendaires de la vie de Démocrite et de celle de Cratès; 3. « Suis-je pauvre, je vante un petit avoir sûr, et suis content de peu; mais qu'un destin meilleur, un partage opulent vienne à m'échoir, alors je proclame sagesse et seul bonheur au monde revenus établis sur de bons fonds de terre » (Horace, *Epîtres*, I, xv, 42).

III Je n'estime point Arcésilas[1] le philosophe
moins réformé[2], pour le savoir avoir usé d'usten-
165 siles d'or et d'argent, selon que la condition de
sa fortune le lui permettait, et l'estime mieux
que s'il s'en fût démis, de ce qu'il en usait
modérément et libéralement.

I Je vois jusques à quelles limites va la néces-
170 sité naturelle*; et, considérant le pauvre mendiant   * le strict néces-
à ma porte souvent plus enjoué et plus sain que   saire
moi, je me plante en sa place, j'essaie de chausser
mon âme à son biais. Et, courant ainsi par les
autres exemples*, quoique je pense la mort, la   * parcourant de
175 pauvreté, le mépris et la maladie à mes talons,   la même façon
je me résous aisément de n'entrer en effroi de
ce qu'un moindre que moi prend avec telle
patience. Et ne puis croire que la bassesse de
l'entendement puisse plus que la vigueur; ou
180 que les effets du discours* ne puissent arriver   * raisonnement
aux effets de l'accoutumance. Et, connaissant
combien ces commodités accessoires tiennent à
peu*, je ne laisse pas, en pleine jouissance, de   * sont peu solides
supplier Dieu, pour ma souveraine requête*,   * comme ma sou-
185 qu'il me rende content de moi-même et des biens   veraine requête
qui naissent de moi. [...] (46) (47)

1. Un des membres de la Nouvelle Académie, l'école préférée de Montaigne,
Arcésilas, vécut au IIIe siècle avant J.-C.; 2. Ayant accompli sur lui-même un effort
dans le sens du perfectionnement moral.

───── QUESTIONS ─────

46. Montaigne critique successivement le désir immodéré des biens
de ce monde et les morales du renoncement. Pourquoi? Éclairez sa position d'après vos souvenirs de l'Antiquité. — Montaigne comprend-il
la valeur de l'ascétisme chrétien? — Montrez que Montaigne propose
la véritable leçon épicurienne. — Pourquoi Montaigne médite-t-il sur la
pauvreté? Quel est, dans cette méditation, le rôle de l'imagination? Pourquoi Montaigne fait-il confiance dans le pouvoir de la raison pour supporter le malheur?

47. SUR L'ENSEMBLE DE L'EXTRAIT DU CHAPITRE XXXIX. — Comment
Pascal a-t-il transformé l'analyse de Montaigne dans les fragments consa-
crés au divertissement (269, 270, 271, 272)?

CHAPITRE L

DE DÉMOCRITUS ET HÉRACLITUS

[Les essais du jugement]

I Le jugement est un outil à tous sujets, et se mêle partout. A cette cause*, aux essais que j'en fais ici, j'y emploie toute sorte d'occasion. Si c'est un sujet que je n'entende point, à cela
5 même je l'essaie, sondant le gué de bien loin; et puis, le trouvant trop profond pour ma taille, je me tiens à la rive; et cette reconnaissance de ne pouvoir passer outre, c'est un trait de son effet, voire* de ceux de quoi** il se vante le plus.
10 Tantôt, à un sujet vain et de néant, j'essaie voir s'il trouvera de quoi lui donner corps et de quoi l'appuyer et étançonner*. Tantôt je le promène** à un sujet noble et tracassé*, auquel il n'a rien à trouver de soi, le chemin en étant si frayé
15 qu'il ne peut marcher que sur la piste d'autrui. Là il fait son jeu à élire la route qui lui semble la meilleure, et, de mille sentiers, il dit que cettui-ci, ou celui-là, a été le mieux choisi. Je prends de la fortune* le premier argument**.
20 Ils me sont également bons. Et ne désigne* jamais de les produire entiers. **III** Car je ne vois le tout de rien. Ne font pas*, ceux qui promettent de nous le faire voir. De cent membres et visages qu'a chaque chose, j'en prends un tantôt à
25 lécher seulement, tantôt à effleurer, et parfois à pincer jusqu'à l'os. J'y donne une pointe*, non pas le plus largement, mais le plus profondément que je sais. Et aime plus souvent à les saisir par quelque lustre* inusité. Je me hasar-
30 derais de traiter à fond quelque matière, si je me

* pour cette raison

* précisément
** desquels

* étayer
** entraîne
* rebattu

* au hasard
** sujet
* ne me propose

* ils ne le font pas

* j'y vais de l'avant

* sous une lumière

connaissais moins. Semant ici un mot, ici un
autre, échantillons dépris* de leur pièce, écar-   * détachés
tés*, sans dessein et sans promesse, je ne suis   * isolés
pas tenu d'en faire bon*, ni de m'y tenir moi-   * de m'en porter
35 même, sans varier quand il me plaît, et me   garant
rendre au doute et incertitude, et à ma maîtresse
forme, qui est l'ignorance. (48)

[PSYCHOLOGIE]

Tout mouvement nous découvre. I Cette même
âme de César, qui se fait voir à ordonner et
40 dresser* la bataille de Pharsale¹, elle se fait aussi   * disposer
voir à dresser des parties oisives et amoureuses.
On juge un cheval non seulement à le voir
manier sur une carrière*, mais encore à lui voir   * piste
aller le pas, voire* et à le voir en repos à l'étable. * même
45 III Entre les fonctions de l'âme il en est de
basses; qui ne la voit encore par là*, n'achève   * sous cet aspect
pas de la connaître. Et à l'aventure* la remarque-   * le cas échéant
t-on mieux où elle va son pas simple². Les vents
des passions la prennent plus en ces hautes
50 assiettes⁴. Joint qu'elle se couche** entière sur   * situations
chaque matière, et s'y exerce entière, et n'en   ** s'applique
traite jamais plus d'une à la fois. Et la traite
non selon elle, mais selon soi. Les choses, à
part elles, ont peut-être leurs poids et mesures
55 et conditions; mais au-dedans, en nous, elle les
leur taille comme elle l'entend. La mort est
effroyable à Cicéron, désirable à Caton, indif-
férente à Socrate. La santé, la conscience, l'autorité, la science, la richesse, la beauté et leurs

---

1. *Pharsale* : localité de Thessalie, où César remporta une victoire décisive sur les
partisans de Pompée (48 avant J.-C.); 2. Reprise de l'image qui compare l'âme à un
cheval;

——— QUESTIONS ———

48. Quelle est la conception de l'essai qui apparaît ici? Comparez-la
à celle du livre premier, VIII, « De l'oisiveté », et à celle qui apparaît
vers 1580. — Les images de ce paragraphe : à quels registres appartiennent-
elles?

60 contraires se dépouillent à l'entrée, et reçoivent
de l'âme nouvelle vêture, et de la teinture qu'il
lui plaît : brune, verte, claire, obscure, aigre,
douce, profonde, superficielle, et qu'il plaît à
chacune d'elles*; car elles n'ont pas vérifié en   * les âmes
65 commun leurs styles, règles et formes : chacune
est Reine en son état. Par quoi* ne prenons   * c'est pourquoi
plus excuse des externes* qualités des choses :   * extérieures
c'est à nous à nous en rendre compte. Notre
bien* et notre mal** ne tient qu'à nous. Offrons-y   * bonheur
70 nos offrandes et nos vœux, non pas à la fortune* :   ** malheur
→ elle ne peut rien sur nos mœurs. Au rebours,   * destinée
elles l'entraînent à leur suite et la moulent à leur
→ forme. Pourquoi ne jugerais-je d'Alexandre à
table, devisant* et buvant d'autant**? Ou s'il   * bavardant
75 maniait des échecs, quelle corde de son esprit   ** beaucoup
ne touche et n'emploie ce niais et puéril jeu?
(Je le hais et fuis, de ce qu'il n'est pas assez jeu,
et qu'il nous ébat* trop sérieusement, ayant   * amuse
honte d'y fournir l'attention qui suffirait à
80 quelque bonne chose.) Il ne fut pas plus embe-
sogné* à dresser** son glorieux passage aux   * occupé
Indes; ni cet autre à dénouer* un passage duquel   ** disposer
dépend le salut du genre humain[1]. Voyez combien   * expliquer
notre âme grossit et épaissit cet amusement
85 ridicule; si tous ses nerfs ne bandent*; combien   * ne se raidissent
amplement elle donne à chacun loi, en cela,
de se connaître et de juger droitement de soi.
Je ne me vois et retâte plus universellement en
nulle autre posture. Quelle passion ne nous y
90 exerce*? la colère, le dépit, la haine, l'impatience   * tourmente
et une véhémente ambition de vaincre, en chose
en laquelle il serait plus excusable d'être ambi-
tieux d'être vaincu. Car la précellence* rare et   * supériorité
au-dessus du commun messied à un homme
95 d'honneur en chose frivole. Ce que je dis en cet
exemple se peut dire en tous autres : chaque par-
celle, chaque occupation de l'homme l'accuse et
le montre également* qu'une autre. [...] (49)   * tout autant

---

1. Un passage de l'Écriture.

I Démocrite et Héraclite ont été deux philo-
100 sophes, desquels le premier, trouvant vaine et
ridicule l'humaine condition, ne sortait en
public qu'avec un visage moqueur et riant;
Héraclite, ayant pitié et compassion de cette
même condition nôtre, en portait le visage
105 continuellement attristé, et les yeux chargés de
larmes,

II *Alter*
Ridebat, quoties a limine moverat unum
Protuleratque pedem; flebat contrarius alter[1].

I J'aime mieux la première humeur, non parce
qu'il est plus plaisant de rire que de pleurer,
mais parce qu'elle est plus dédaigneuse, et
110 qu'elle nous condamne plus que l'autre; et il
me semble que nous ne pouvons jamais être
assez méprisés selon notre mérite. [...] **(50)**.

CHAPITRE LVI

DES PRIÈRES

[DU BON USAGE DE LA PRIÈRE]

[...] I J'avais présentement en la pensée d'où
nous venait cette erreur de recourir à Dieu en
tous nos desseins et entreprises, II et l'appeler
à* toutes sortes de besoins et en quelque lieu   * dans
5 que notre faiblesse veut de l'aide, sans considérer
si l'occasion est juste ou injuste; et d'écrier*   * implorer

---

1. L'un riait, dès qu'il avait fait le premier pas hors de la maison; le second
pleurait au contraire (Juvénal, *Saritres*, X, 28).

QUESTIONS
---

49. Montrez que Montaigne reprend ici un thème qui lui est cher
(au moins dans sa période stoïcienne). — L'homme artisan de son bonheur
ou de son malheur : comment Montaigne exprime-t-il la métamorphose
des choses? — Pourquoi Montaigne estime-t-il important de con
l'homme par tous ses aspects?

50. SUR L'ENSEMBLE DE L'EXTRAIT DU CHAPITRE. — D'
de l'exemplaire de Bordeaux (lignes 21-38 et 45-98
t-il que la connaissance de l'homme est p
l'essai I, 1 (pages 20-21).

son nom et sa puissance, en quelque état et action que nous soyons, pour vicieuse qu'elle soit.

10 **I** Il est bien notre seul et unique protecteur, **III** et peut toutes choses à nous aider; **I** mais, encore qu'il daigne nous honorer de cette douce alliance paternelle, il est pourtant autant juste comme* il est bon **III** et comme il est puissant.

* qu'il

15 Mais il use bien plus souvent de sa justice que de son pouvoir, **I** et nous favorise selon la raison d'icelle*, non selon nos demandes.

* celle-ci (la justice)

III Platon, en ses *Lois*[1], fait trois sortes d'injurieuse créance* des dieux[2] : Qu'il n'y en ait
20 point; qu'ils ne se mêlent pas de nos affaires; qu'ils ne refusent rien à nos vœux, offrandes et sacrifices. La première erreur, selon son avis, ne dura jamais immuable en homme depuis son enfance jusques à sa vieillesse. Les deux suivantes
25 peuvent souffrir de la constance[3].

* croyance

I Sa justice et sa puissance sont inséparables. Pour néant* implorons-nous sa force en une mauvaise cause. Il faut avoir l'âme nette*, au moins en ce moment auquel nous le prions, et déchargée
30 de passions vicieuses; autrement nous lui présentons nous-mêmes les verges de quoi nous châtier. Au lieu de rhabiller* nôtre faute, nous la redoublons, présentant à celui à qui nous avons à demander pardon une affection* pleine
35 d'irrévérence et de haine. Voilà pourquoi je ne loue pas volontiers ceux que je vois prier Dieu plus souvent* et plus ordinairement, si les actions voisines de la prière ne me témoignent quelque amendement et réformation*,

* pour rien
* pure

* réparer

* une disposition d'esprit

* le plus souvent

* correction

40 .... *er,*
.... *elas adoperta cucullo*[4].

.... homme, mêlant à une .... emble être aucune-

* l'état

.... s injustes de croire aux dieux; 3. De
.... ie; 4. « Si, la nuit, pour l'adultère,
.... nal, VIII, 144).

ment* plus condamnable que celle d'un homme * d'une certaine
45 conforme à soi, et dissolu partout. Pourtant*   façon
refuse notre Église tous les jours la faveur de * c'est pourquoi
son entrée et société aux mœurs obstinées à
quelque insigne malice* (51).   * vice

[PRIÈRE ET PÉCHÉ]

  I Nous prions par usage et par coutume, ou,
50 pour mieux dire, nous lisons ou prononçons nos
prières. Ce n'est en fin que mine*.   * apparence
  II Et me déplaît de voir faire trois signes de croix
au *benedicite*, autant à *grâces*[1] (et plus m'en
déplaît-il de ce que c'est un signe que j'ai
55 en révérence et continuel usage, **III** mêmement au
bâiller*[2]), **II** et cependant, toutes les autres heures * également
du jour, les voir occupées à la haine, l'avarice,   quand je bâille
l'injustice. Aux vices leur heure, son heure à
Dieu, comme par compensation et composition*.   * accord
60 C'est miracle de voir continuer des actions si
diverses* d'une si pareille teneur** qu'il ne s'y * opposées
sente point d'interruption et d'altération aux   ** suite
confins mêmes et passage de l'une à l'autre.
  III Quelle prodigieuse conscience se peut don-
65 ner repos, nourrissant en même gîte, d'une
société* si accordante et si paisible, le crime et * dans une union
le juge? Un homme de qui la paillardise sans
cesse régente la tête, et qui la juge très odieuse
à la vue divine, que dit-il à Dieu, quand il lui
70 en parle? Il se ramène*; mais soudain il rechoit. * il revient au
Si l'objet de la divine justice et sa présence frap-   bien
paient comme il dit, et châtiaient son âme, pour

---

  1. Le *benedicite* et les *grâces* sont les formules des prières faites l'une au début,
l'autre à la fin du repas; 2. Également quand je bâille. Allusion aux gestes et formules
de piété traditionnels quand on bâille, qu'on éternue (« Dieu vous bénisse »), etc.

──────── **QUESTIONS** ────────

  51. La pensée de Montaigne semble logique; cependant, on lui fit à
Rome la remarque que sa théologie de la prière n'était pas orthodoxe.
Voyez-vous pourquoi?

courte qu'en fût la pénitence, la craint même
y rejetterait si souvent sa pensée, qu'incontinent*   * immédiatement
75 il se verrait maître de ces vices qui sont habitués
et acharnés en lui. Mais quoi! ceux qui couchent
une vie entière sur le fruit et émolument* du   * profit
péché qu'ils savent mortel? Combien avons-nous
de métiers et vacations* reçues**, de quoi   * occupations
80 l'essence est vicieuse! Et celui qui, se confessant*   ** admises
à moi, me récitait* avoir tout un âge** fait   * se confiant
profession et les effets d'une religion damnable   * racontait ** vie
selon lui, et contradictoire à celle qu'il avait en
son cœur, pour ne perdre son crédit et l'honneur
85 de ses charges, comment pâtissait-il[1] ce discours
en son courage*? De quel langage entretiennent-   * cœur
ils sur ce sujet la justice divine? Leur repentance
consistant[2] en visible et maniable* réparation,   * concrète
ils perdent et envers Dieu et envers nous le
90 moyen de l'alléguer*. Sont-ils si hardis de deman-   * mettre en évi-
der pardon sans satisfaction et sans repentance?   dence
Je tiens que de ces premiers[3] il en va comme
de ceux ici; mais l'obstination n'y est pas si
aisée à convaincre[4]. Cette contrariété* et volu-   * contradiction
95 bilité* d'opinion si soudaine, si violente, qu'ils   * mobilité
nous feignent[5], sent pour moi au miracle*. Ils   * prodige
nous représentent l'état d'une indigestible*   * incroyable
agonie*. Que l'imagination me semblait fantas-   * angoisse
tique*, de ceux qui, ces années passées, avaient   * étrange
100 en usage de reprocher à tout chacun en qui il
reluisait quelque clarté d'esprit, professant la
religion catholique, que c'était à feinte, et tenaient
même, pour lui faire honneur, quoi qu'il* dise   * l'adversaire
par apparence, qu'il ne pouvait faillir au-dedans
105 d'avoir sa créance* réformée à leur pied**.   * croyance
Fâcheuse maladie, de se croire si fort qu'on se   ** mesure
persuade qu'il ne se puisse croire* au contraire.   * qu'on ne peut
Et plus fâcheuse encore qu'on se persuade d'un*   croire
tel esprit qu'il préfère je ne sais quelle dispa-   * à propos d'un

---

1. *Pâtisser* : façonner comme une pâtisserie; 2. Alors que leur repentance devrait...; 3. *Ces premiers* : ceux dont Montaigne a parlé en donnant comme exemple *un homme de qui la paillardise*, etc.; 4. On ne peut les convaincre aussi facilement d'obstination; 5. Parce qu'il n'y a pas en fait de changement d'opinion, il y a un péché continu dans les deux cas.

110 rité* de fortune** présente, aux espérances et
m̶e̶n̶a̶c̶e̶s̶ de la vie éternelle. Ils m'en peuvent
croire. Si rien eût dû tenter ma jeunesse, l'ambi-
tion* du hasard et difficulté qui suivaient cette
récente entreprise[1] y eût eu bonne part. **(52)**

* avantage
** situation

* la volonté d'af-
fronter

[LA DOCTE IGNORANCE]

115   I Ce n'est pas sans grande raison, ce me
semble, que l'Église défend l'usage promiscue,
téméraire et indiscret[2] des saintes et divines
chansons[3] que le Saint Esprit a dictées en David.
Il ne faut mêler Dieu en nos actions qu'avec
120 révérence et attention pleine d'honneur et de
respect. Cette voix est trop divine pour n'avoir
autre usage que d'exercer les poumons et plaire
à nos oreilles; c'est de la conscience qu'elle doit
être produite, et non pas de la langue. Ce n'est
125 pas raison qu'on permette qu'un garçon de
boutique, parmi ces vains et frivoles pensements*,
s'en entretienne et s'en joue.

* pensées

    II Ni n'est certes raison de voir tracasser par
une salle et par une cuisine le Saint livre[4] des
130 sacrés mystères de notre créance*. III C'étaient
autrefois mystères; ce sont à présent déduits*
et ébats*. II Ce n'est pas en passant et tumul-
tuairement* qu'il faut manier un étude[5] si

* croyance

* passe-temps

* jeux

* dans le désordre

---

1. La Réforme; 2. *Promiscue, téméraire et indiscret :* commun, fait à la légère et
sans discernement; 3. Les psaumes. Le chant des psaumes traduits en français était
le rite essentiel du culte réformé; d'où l'interdiction formulée par l'Église catholique;
4. La Bible. La lecture de la Bible, traduite en français (voir plus loin : *mise en langage populaire*), est aussi une des prescriptions essentielles de la religion réformée.
En revanche, l'Église catholique avait interdit la lecture de la Bible, en se réservant
le droit de donner des Écritures la seule interprétation; 5. *Étude :* sujet d'application
(mot alors masculin).

────── **QUESTIONS** ──────

52. Relevez, au début de ce passage, les expressions qui marquent la
stupeur de Montaigne devant l'hypocrisie religieuse. — Comment Montaigne discute-t-il le problème du repentir et de la conversion? Comment
le style traduit-il la vivacité de la pensée? Étudiez le mélange d'ironie et
d'indignation. — Montaigne comprend-il vraiment le problème du
péché? Que pensez-vous de sa morale de la sincérité?

sérieux et vénérable. Ce doit être une action
135 destinée* et rassise**, à laquelle on doit toujours   * déterminée
ajouter cette préface de notre office : « *Sursum*   d'avance
*corda*¹ », et y apporter le corps même disposé   ** calme
en contenance* qui témoigne une particulière   * attitude
attention et révérence.

140   **III** Ce n'est pas l'étude de tout le monde, c'est
l'étude des personnes qui y sont vouées, que
Dieu y appelle. Les méchants, les ignorants s'y
empirent. Ce n'est pas une histoire à conter,
c'est une histoire à révérer, craindre, adorer.
145 Plaisantes gens qui pensent l'avoir rendue
maniable au peuple, pour l'avoir mise en langage populaire! Ne tient-il qu'aux mots qu'ils
n'entendent* tout ce qu'ils trouvent par écrit?   * comprennent
Dirai-je plus? Pour l'en approcher de ce peu,
150 ils l'en reculent. L'ignorance pure et remise*   * qui s'en remet
toute en autrui était bien plus salutaire et
plus savante que n'est cette science verbale et
vaine, nourrice de présomption et de témérité. [...] **(53) (54)**

---

1. *Sursum corda :* « Haut les cœurs! ». Formule prononcée par l'officiant au cours
de la messe, immédiatement avant la prière appelée « préface ».

QUESTIONS

53. En quoi Montaigne représente-t-il bien l'esprit catholique face à
la Réforme? Dans quelle mesure Montaigne est-il éloigné de l'humanisme
chrétien de la première moitié du XVIᵉ siècle? — Que pensez-vous de cet
éloge de l'*ignorance pure et remise toute en autrui?*

54. SUR L'ENSEMBLE DE L'EXTRAIT DU CHAPITRE LVI. — D'après cet
essai et l'« Apologie de Raymond Sebond », dégagez les grandes lignes
de la pensée religieuse de Montaigne.

DOCUMENTATION THÉMATIQUE
réunie par la Rédaction des Nouveaux Classiques Larousse.

1. LE MOI

1.1. LA PEINTURE DU MOI

Montaigne, on le sait, est lui-même la matière de son livre; il trace son portrait pour se présenter au lecteur. Ces deux points permettent des rapprochements avec des entreprises analogues.

A. L'autoportrait.

{ On comparera celui que Montaigne fait de lui-même avec celui que La Rochefoucauld nous laisse de lui dans ses Mémoires.

Je suis d'une taille médiocre, libre et bien proportionnée. J'ai le teint brun, mais assez uni; le front élevé et d'une raisonnable grandeur; les yeux noirs, petits et enfoncés, et les sourcils noirs et épais, mais bien tournés. Je serais fort empêché à dire de quelle sorte j'ai le nez fait, car il n'est ni camus ni aquilin, ni gros ni pointu, au moins à ce que je crois : tout ce que je sais, c'est qu'il est plutôt grand que petit, et qu'il descend un peu trop en bas. J'ai la bouche grande, et les lèvres assez rouges d'ordinaire, et ni bien ni mal taillées; j'ai les dents blanches, et passablement bien rangées. On m'a dit autrefois que j'avais un peu trop de menton : je viens de me tâter et de me regarder dans le miroir pour savoir ce qui en est, et je ne sais pas trop bien qu'en juger. Pour le tour du visage, je l'ai ou carré ou en ovale; lequel des deux, il me serait fort difficile de le dire. J'ai les cheveux noirs, naturellement frisés, et avec cela assez épais et assez longs pour pouvoir prétendre en belle tête. J'ai quelque chose de chagrin et de fier dans la mine : cela fait croire à la plupart des gens que je suis méprisant, quoique je ne le sois point du tout. J'ai l'action fort aisée, et même un peu trop, et jusqu'à faire beaucoup de gestes en parlant. Voilà naïvement comme je pense que je suis fait au dehors; et l'on trouvera, je crois, que ce que je pense de moi là-dessus n'est pas fort éloigné de ce qui en est. J'en userai avec la même fidélité dans ce qui me reste à faire de mon portrait; car je me suis assez étudié pour me bien connaître, et je ne manque ni d'assurance pour dire librement ce que je puis avoir de bonnes qualités, ni de sincérité pour avouer franchement ce que j'ai de défauts. Premièrement, pour parler de mon humeur, je suis mélancolique, et je le suis à un point que, depuis trois ou quatre ans, à peine m'a-t-on vu rire trois ou quatre fois. J'aurais pourtant, ce me semble, une mélancolie assez supportable et assez douce, si je n'en avais point d'autre que celle qui me vient de mon tempérament; mais il m'en vient tant d'ailleurs, et ce qui m'en vient me remplit de telle sorte l'imagination et m'occupe si fort l'esprit, que la plupart du temps, ou je rêve sans dire mot, ou je n'ai presque point d'attache à ce que je dis. Je suis fort resserré avec ceux que je ne connais pas, et je ne suis pas même extrêmement ouvert avec la plupart de ceux que je connais. C'est un défaut, je le sais bien, et je ne négligerai rien pour m'en corriger ; mais comme un certain air sombre que j'ai dans le visage contribue à me faire paraître encore plus réservé que je ne le suis et qu'il n'est pas en notre pouvoir de nous défaire d'un méchant air qui nous vient de la disposition naturelle des traits, je pense qu'après m'être corrigé au dedans, il ne laissera pas de me demeurer toujours de mauvaises marques au dehors. J'ai de l'esprit et je ne fais point difficulté de le dire ; car à quoi bon façonner là-dessus ? Tant biaiser et tant apporter d'adoucissement pour dire les avantages que l'on a, c'est, ce me semble, cacher un peu de vanité sous une modestie apparente et se servir d'une manière bien adroite pour faire croire de soi beaucoup plus de bien que l'on n'en dit. Pour moi, je suis content qu'on ne me croie ni plus beau que je me fais, ni de meilleure humeur que je me dépeins, ni plus spirituel et plus raisonnable que je dirai que je le suis. J'ai donc de l'esprit, encore une fois, mais un esprit que la mélancolie gâte ; car, encore que je possède assez bien ma langue, que j'aie la mémoire heureuse, et que je ne pense pas les choses fort confusément, j'ai pourtant une si forte application à mon chagrin que souvent j'exprime assez mal ce que je veux dire. La conversation des honnêtes gens est un des plaisirs qui me touchent le plus. J'aime qu'elle soit sérieuse et que la morale en fasse la plus grande partie ; cependant je sais la goûter aussi quand elle est enjouée, et si je n'y dis pas beaucoup de petites choses pour rire, ce n'est pas du moins que je ne connaisse bien ce que valent les bagatelles bien dites et que je ne trouve fort divertissante cette manière de badiner, où il y a certains esprits prompts et aisés qui réussissent si bien. J'écris bien en prose, je fais bien en vers, et si j'étais sensible à la gloire qui vient de ce côté-là, je pense qu'avec peu de travail je pourrais m'acquérir assez de réputation.

J'aime la lecture, en général ; celle où il se trouve quelque chose qui peut façonner l'esprit et fortifier l'âme est celle que j'aime le plus ; surtout, j'ai une extrême satisfaction à lire avec une personne d'esprit ; car de cette sorte on réfléchit à tous moments sur ce qu'on lit et des réflexions que l'on fait il se forme une conversation la plus agréable du monde et la plus utile. Je juge assez bien des ouvrages de vers et de prose que l'on me montre ; mais j'en dis peut-être mon sentiment avec un peu trop de liberté. Ce qu'il y a encore de mal en moi, c'est que j'ai quelquefois une délicatesse trop scrupuleuse et une critique trop sévère. Je ne hais pas à entendre disputer, et souvent aussi je me mêle assez volontiers dans la dispute : mais je soutiens d'ordinaire mon opinion avec trop de chaleur, et lorsqu'on défend un parti injuste contre moi, quelquefois, à force de me passionner pour celui de la raison, je deviens moi-même fort peu raisonnable. J'ai les sentiments vertueux, les inclinations belles, et une si forte envie d'être tout à fait honnête homme que mes amis ne me sauraient faire un plus grand plaisir que de m'avertir sincèrement de mes défauts. Ceux qui me connaissent un peu particulièrement et qui ont eu la bonté de me donner quelquefois des avis là-dessus, savent que je les ai toujours reçus avec toute la joie imaginable et toute la soumission d'esprit que l'on saurait désirer. J'ai toutes les passions assez douces et assez réglées : on ne m'a presque jamais vu en colère et je n'ai jamais eu de haine pour personne. Je ne suis pas pourtant incapable de me venger, si l'on m'avait offensé et qu'il y allât de mon honneur à me ressentir de l'injure qu'on m'aurait faite. Au contraire, je suis assuré que le devoir ferait si bien en moi l'office de la haine, que je poursuivrais ma vengeance avec encore plus de vigueur qu'un autre. L'ambition ne me travaille point. Je ne crains guère de choses et ne crains aucunement la mort. Je suis peu sensible à la pitié et voudrais ne l'y être point du tout. Cependant, il n'est rien que je ne fisse pour le soulagement d'une personne affligée ; et je crois effectivement que l'on doit tout faire, jusqu'à lui témoigner même beaucoup de compassion de son mal ; car les misérables sont si sots que cela leur fait le plus grand bien du monde. Mais je tiens aussi qu'il faut se contenter d'en témoigner et se garder soigneusement d'en avoir. C'est une passion qui n'est bonne à rien au dedans d'une âme bien faite, qui ne sert qu'à affaiblir le cœur et qu'on doit laisser au peuple, qui, n'exécutant jamais rien par raison, a besoin de passions pour le porter à faire les choses. J'aime mes amis, et je les aime d'une façon que je ne balancerais pas un moment à sacrifier mes intérêts aux leurs. J'ai de la condescendance pour eux ; je souffre patiemment leurs mauvaises humeurs et j'en excuse facilement toutes choses ; seulement je ne leur fais pas beaucoup de caresses, et je n'ai pas non plus de grandes inquiétudes en leur absence. J'ai naturellement fort peu de curiosité pour la plus grande partie de tout ce qui en donne aux autres gens. Je suis fort secret et j'ai moins de difficulté que personne à taire ce qu'on m'a dit en confidence. Je suis extrêmement régulier à ma parole ; je n'y manque jamais, de quelque conséquence que puisse être ce que j'ai promis et je m'en suis fait toute ma vie une obligation indispensable. J'ai une civilité fort exacte parmi les femmes et je ne crois pas avoir jamais rien dit devant elles qui leur ait pu faire de la peine. Quand elles ont l'esprit bien fait, j'aime mieux leur conversation que celle des hommes : on y trouve une certaine douceur qui ne se rencontre point parmi nous ; et il me semble outre cela qu'elles s'expliquent avec plus de netteté et qu'elles donnent un tour plus agréable aux choses qu'elles disent. Pour galant, je l'ai été un peu autrefois ; présentement je ne le suis plus, quelque jeune que je sois. J'ai renoncé aux fleurettes et je m'étonne seulement de ce qu'il y a encore tant d'honnêtes gens qui s'occupent à en débiter. J'approuve extrêmement les belles passions ; elles marquent la grandeur de l'âme, et quoique, dans les inquiétudes qu'elles donnent, il y ait quelque chose de contraire à la sévère sagesse, elles s'accommodent si bien d'ailleurs avec la plus austère vertu que je crois qu'on ne les saurait condamner avec justice. Moi qui connais tout ce qu'il y a de délicat et de fort dans les grands sentiments de l'amour, si jamais je viens à aimer, ce sera assurément de cette sorte ; mais, de la façon dont je suis, je ne crois pas que cette connaissance que j'ai me passe jamais de l'esprit au cœur.

B. Les Essais et les Confessions.

On comparera J.-J. Rousseau et Montaigne à l'aide des textes suivants de l'écrivain du XVIIIᵉ siècle : 1. Le goût de l'introspection, les buts littéraires, les personnalités de l'un et de l'autre ; 2. Le ton de Rousseau, et celui de Montaigne dans l'Avant-Propos. Dans quelle mesure voit-on que l'un cherche à se disculper quand l'autre souhaite s'essayer ? Quel est le rôle du lecteur pour l'un et l'autre ?

AVERTISSEMENT

[Avertissement de Rousseau, figurant face à la première page du manuscrit de Genève.]

Voici le seul portrait d'homme, peint exactement d'après nature et dans toute sa vérité, qui existe et qui probablement existera jamais. Qui que vous soyez, que ma destinée ou ma confiance ont fait l'arbitre de ce cahier, je vous conjure par mes malheurs, par vos entrailles, et au nom de toute l'espèce humaine, de ne pas anéantir un ouvrage utile et unique, lequel peut servir de première pièce de comparaison pour l'étude des hommes, qui certainement est encore à commencer, et de ne pas ôter à l'honneur de ma mémoire le seul monument sûr de mon caractère qui n'ait pas été défiguré par mes ennemis. Enfin, fussiez-vous, vous-même, un de mes ennemis implacables, cessez de l'être envers ma cendre, et ne portez pas votre cruelle injustice jusqu'au temps où ni vous ni moi ne vivrons plus, afin que vous puissiez vous rendre au moins une fois le noble témoignage d'avoir été généreux et bon quand vous pouviez être malfaisant et vindicatif ; si tant est que le mal qui s'adresse à un homme qui n'en a jamais fait, ou voulu faire, puisse porter le nom de vengeance.

Je forme une entreprise qui n'eut jamais d'exemple et dont l'exécution n'aura point d'imitateur. Je veux montrer à mes semblables un homme dans toute la vérité de la nature ; et cet homme ce sera moi.

Moi seul. Je sens mon cœur et je connais les hommes. Je ne suis fait comme aucun de ceux que j'ai vus ; j'ose croire n'être fait comme aucun de ceux qui existent. Si je ne vaux pas mieux, au moins je suis autre. Si la nature a bien ou mal fait de briser le moule dans lequel elle m'a jeté, c'est ce dont on ne peut juger qu'après m'avoir lu.

Que la trompette du jugement dernier sonne quand elle voudra ; je viendrai, ce livre à la main, me présenter devant le souverain juge. Je dirai hautement : voilà ce que j'ai fait, ce que j'ai pensé, ce que je fus. J'ai dit le bien et le mal avec la même franchise. Je n'ai rien tu de mauvais, rien ajouté de bon, et s'il m'est arrivé d'employer quelque ornement indifférent, ce n'a jamais été que pour remplir un vide occasionné par mon défaut de mémoire ; j'ai pu supposer vrai ce que je savais avoir pu l'être, jamais ce que je savais être faux. Je me suis montré tel que je fus, méprisable et vil quand je l'ai été, bon, généreux, sublime, quand je l'ai été : j'ai dévoilé mon intérieur tel que tu l'as vu toi-même. Etre éternel, rassemble autour de moi l'innombrable foule de mes semblables ; qu'ils écoutent mes confessions, qu'ils gémissent de mes indignités, qu'ils rougissent de mes misères. Que chacun d'eux découvre à son tour son cœur aux pieds de ton trône avec la même sincérité ; et puis qu'un seul te dise, s'il l'ose : *Je fus meilleur que cet homme-là*.

C. Simone de Beauvoir : parler de soi.

Dans le Prologue de *la Force de l'âge*, S. de Beauvoir analyse ce qui l'a poussée à écrire ses Mémoires. C'est d'abord le désir de retrouver son enfance et son adolescence :

Je me suis lancée dans une imprudente aventure quand j'ai commencé à parler de moi : on commence, on n'en finit pas. Mes vingt premières années, il y a longtemps que je désirais me les raconter ; je n'ai jamais oublié les appels que j'adressais, adolescente, à la femme qui allait me résorber en elle, corps et âme : il ne resterait rien de moi, pas même une pincée de cendres ; je la conjurais de m'arracher un jour à ce néant où elle m'aurait plongée. Peut-être mes livres n'ont-ils été écrits que pour me permettre d'exaucer cette ancienne prière. A cinquante ans, j'ai jugé que le moment était venu ; j'ai prêté ma conscience à l'enfant, à la jeune fille abandonnées au fond du temps perdu, et perdues avec lui. Je les ai fait exister en noir et blanc sur du papier.

Puis, c'est une sorte de nécessité interne à l'œuvre même qui a suscité une suite :

> Peu à peu, je me suis convaincue que le premier volume de mes souvenirs exigeait à mes propres yeux une suite : inutile d'avoir raconté l'histoire de ma vocation d'écrivain si je n'essaie pas de dire comment elle s'est incarnée.
>
> D'ailleurs, réflexion faite, ce projet en soi m'intéresse. Mon existence n'est pas finie, mais déjà elle possède un sens que vraisemblablement l'avenir ne modifiera guère.

A quoi sert une telle entreprise ?

> On me dira peut-être que ce souci ne concerne que moi ; mais non ; Samuel Pepys ou Jean-Jacques Rousseau, médiocre ou exceptionnel, si un individu s'expose avec sincérité, tout le monde, plus ou moins, se trouve mis en jeu. Impossible de faire la lumière sur sa vie sans éclairer, ici ou là, celle des autres. [...] L'étude d'un cas particulier renseigne mieux que des réponses abstraites et générales : c'est ce qui m'encourage à examiner le mien. Peut-être cet exposé aidera-t-il à dissiper certains des malentendus qui séparent toujours les auteurs de leur public et dont j'ai éprouvé bien souvent le désagrément ; un livre ne prend son vrai sens que si l'on sait dans quelle situation, dans quelle perspective et par qui il a été écrit : je voudrais expliquer les miens en parlant aux lecteurs de personne à personne.

Les limites de la sincérité :

> Cependant, je dois les prévenir que je n'entends pas leur dire *tout*. J'ai raconté sans rien omettre mon enfance, ma jeunesse ; mais si j'ai pu sans gêne, et sans trop d'indiscrétion, mettre à nu mon lointain passé, je n'éprouve pas à l'égard de mon âge adulte le même détachement et je ne dispose pas de la même liberté. Il ne s'agit pas ici de clabauder sur moi-même et sur mes amis ; je n'ai pas le goût des potinages. Je laisserai résolument dans l'ombre beaucoup de choses.

> Dans quelle mesure les réflexions de S. de Beauvoir que nous venons de citer peuvent-elles s'appliquer aux *Essais*, à Montaigne ? Les mêmes problèmes et les mêmes buts se retrouvent-ils chez les deux auteurs ?

D. L'entreprise de Montaigne jugée par la postérité.

◆ Pascal (*Pensées,* 758 et 935, éd. Lafuma) :

> Ce n'est pas dans Montaigne, mais dans moi, que je trouve tout ce que j'y vois.
>
> Ce que Montaigne a de bon ne peut être acquis que difficilement. Ce qu'il a de mauvais, j'entends hors des mœurs, pût

être corrigé en un moment, si on l'eût averti qu'il faisait trop d'histoires, et qu'il parlait trop de soi.

> On rapprochera la première *Pensée* de ces deux fragments de Montaigne : « Chaque homme porte la forme entière de l'humaine condition » (III, 2) ; « la vérité et la raison sont communes à un chacun, et ne sont non plus à qui les a dites premièrement, qu'à qui les dit après : ce n'est non plus selon Platon que selon moi, puisque lui et moi l'entendons et voyons de même » (I, 25).

◆ Dans une lettre à Horace Walpole, Mme du Deffand écrivait :

Je suis bien sûre que vous vous accommoderez à Montaigne : on y trouve tout ce qu'on a jamais pensé et nul style n'est aussi énergique ; il n'enseigne rien parce qu'il ne décide rien ; c'est l'opposé du dogmatisme ; il est vain — eh ! tous les hommes ne le sont-ils pas ? et ceux qui paraissent modestes ne sont-ils pas doublement vains ? Le Je et le Moi sont à chaque ligne, mais quelles sont les connaissances qu'on peut avoir, si ce n'est pas le Je et le Moi ? Allez, allez, mon tuteur, c'est le seul philosophe et le seul métaphysicien qu'il y ait jamais eu...

◆ Voltaire s'oppose à Pascal (*25ᵉ Lettre philosophique*) :

XL. « *Le sot projet que Montaigne a eu de se peindre ! Et cela, non pas en passant et contre ses maximes, comme il arrive à tout le monde de faillir, mais par ses propres maximes et par un dessein premier et principal ; car de dire des sottises par hasard et par faiblesse, c'est un mal ordinaire ; mais d'en dire à dessein, c'est ce qui n'est pas supportable, et d'en dire de telles que celle-là.* »

Le charmant projet que Montaigne a eu de se peindre naïvement comme il a fait ! Car il a peint la nature humaine ; et le pauvre projet de Nicole, de Malebranche, de Pascal, de décrier Montaigne !

Dans la Vulgate, le paragraphe suivant était ajouté :

Si Nicole et Malebranche avaient toujours parlé d'eux-mêmes, ils n'auraient pas réussi ! Mais un gentilhomme campagnard du temps de Henri III, qui est savant dans un siècle d'ignorance, philosophe parmi des fanatiques, et qui peint sous son nom nos faiblesses et nos folies, est un homme qui sera toujours aimé.

◆ J.-J. Rousseau, dans son *Ebauche des « Confessions »* déclare :

Montaigne se peint ressemblant, mais de profil. Qui sait si quelque balafre à la joue ou un œil crevé du côté qu'il nous cache, n'eût pas totalement changé sa physionomie ?

◆ A. Gide fait cette réflexion :

Qui supprimerait tous les passages où Montaigne parle de lui diminuerait d'un tiers le volume. Certains le voudraient ainsi.

Pour moi c'est le tiers précisément que surtout je voudrais garder.

◆ Voici enfin deux réflexions de L. Brunschvicg, commentateur réputé de Pascal :

Il sera le moraliste de la conscience pure, de celle qui se décrit, se scrute, s'approfondit avec la seule ambition d'être en soi et de se développer pour soi sans aucun souci de rejaillir et peser sur autrui.

Ce qui à chaque page soutient l'intérêt des *Essais,* ce qui fait de leur apparition un événement décisif de l'histoire humaine, c'est le va-et-vient perpétuel, la tension constante entre deux façons d'envisager la « culture de l'âme », tantôt curiosité spéculative qui se traduit en « confession généreuse et libre », tantôt exigence de réforme pratique qui fera sans doute appel à l'introspection, d'autant qu'elle est plus sincère et plus aiguë, mais pour le redressement de la conduite, pour le retour à l'éternelle santé.

1.2. LA CONNAISSANCE DE SOI

A. L'ambition avouée de Montaigne.

On rapprochera de I, VIII (p. 25) l'une des inscriptions que Montaigne avait fait peindre sur le mur de sa librairie et dont voici la traduction. On imaginera l'attitude de Montaigne, écrivant ou dictant ses *Essais,* face à cette déclaration à l'aide du commentaire qu'en fait M. Butor (*Introduction* aux « *Essais* », © Union Générale d'Editions, Collection 10 × 18) :

L'an du Christ 1571, âgé de trente-huit ans, la veille des calendes de mars, anniversaire de sa naissance, Michel de Montaigne, las depuis longtemps déjà de sa servitude du parlement et des charges publiques, en pleines forces encore se retira dans le sein des doctes vierges, où, en repos et sécurité, il passera les jours qui lui restent à vivre. Puisse le destin lui permettre de parfaire cette habitation des douces retraites de ses ancêtres qu'il a consacrées à sa liberté, à sa tranquillité, à ses loisirs ! Quelle solennité, et quelle présomption ! La date de la retraite a été choisie. Cette date, cette décision, Michel de Montaigne les aura perpétuellement sous les yeux lorsqu'il tournera, tel un ours en cage, au milieu de ses livres. Il s'y est mis à la troisième personne. Voilà une date qui doit appartenir à l'histoire du monde ; voilà une retraite dont on entendra parler. Et les dieux mêmes y sont manifestement intéressés : comment, en plein milieu des troubles qui déchirent la France, peut-il avoir cette assurance qu'il passera là le reste de ses jours « en repos et sécurité » ; il faut que le destin s'en mêle, mais cela ne fait point de doute. *Fortuna.*

≀ L'effet que dépeint M. Butor ci-dessous vous paraît-il probable ?

Le premier article de ce « rolle » c'est évidemment cette terrible, toujours présente inscription qui lui a fait honte à lui-même lorsqu'au bout de quelque temps le projet primitif de la retraite a véritablement fait naufrage. Car, lorsqu'il parle d'oisiveté, cela n'exclut en rien le travail intellectuel et la production d'ouvrages « libéraux ». Dire « je me retire au sein des doctes muses », se traduit aujourd'hui, dans les milieux littéraires, par « je veux être un peu tranquille pour travailler ». Quand nous étudions la formulation de cette inscription « fatale », nous ne pouvons évidemment douter que toute la famille, la maisonnée, les voisins, les amis aient été mis au courant. Aussi tout le monde s'attendait à voir sortir quelque chose de ce commerce avec les muses, et puis les années ont passé, la librairie est devenue de plus en plus close, un fossé peu à peu s'est creusé entre Montaigne et ceux de chez lui.

B. L'utilité de la peinture du moi.

≀ Dans le chapitre VI du livre II, Montaigne écrit les lignes que nous reproduirons ci-dessous. On cherchera à partir de ce passage, comment s'articulent connaissance de soi et peinture du moi, leur utilité pour l'écrivain et pour le lecteur :

Ce conte d'un événement si léger est assez vain, n'était l'instruction que j'en ai tirée pour moi ; car, à la vérité, pour s'apprivoiser à la mort, je trouve qu'il n'y a que de s'en avoisiner. Or, comme dit Pline, chacun est à soi-même une très bonne discipline, pourvu qu'il ait la suffisance de s'épier de près. Ce n'est pas ici ma doctrine, c'est mon étude, et n'est pas la leçon d'autrui, c'est la mienne.

Et ne me doit-on savoir mauvais gré pourtant, si je la communique. Ce qui me sert, peut aussi par accident servir à un autre. Au demeurant, je ne gâte rien, je n'use que du mien. Et si je fais le fol, c'est à mes dépens et sans l'intérêt de personne. Car c'est en folie qui meurt en moi, qui n'a point de suite. Nous n'avons nouvelles que de deux ou trois anciens qui aient battu ce chemin ; et si ne pouvons dire si c'est du tout en pareille manière à celle-ci, n'en connaissant que les noms. Nul depuis ne s'est jeté sur leur trace. C'est une épineuse entreprise, et plus qu'il ne semble, de suivre une allure si vagabonde que celle de notre esprit ; de pénétrer les profondeurs opaques de ses replis internes ; de choisir et arrêter tant de menus airs de ses agitations. Et est un amusement nouveau et extraordinaire, qui nous retire des occupations communes du monde, oui, et des plus recommandées. Il y a plusieurs années que je n'ai que moi pour visée à mes pensées, que je ne contrôle et étudie que moi ; et, si j'étudie autre chose, c'est pour soudain

le coucher sur moi, ou en moi, pour mieux dire. Et ne me
semble point faillir, si, comme il se fait des autres sciences,
sans comparaison moins utiles, je fais part de ce j'ai appris
en celle-ci ; quoique je ne me contente guère du progrès que
j'y ai fait. Il n'est description pareille en difficulté à la description de soi-même, ni certes en utilité. [...]

Ce ne sont mes gestes que j'écris, c'est moi, c'est mon essence.
Je tiens qu'il faut être prudent à estimer de soi, et pareillement
consciencieux à en témoigner, soit bas, soit haut, indifférem-
ment. Si je me semblais bon et sage, ou près de là, je l'enton-
nerais à pleine tête. De dire moins de soi qu'il n'y en a, c'est
sottise, non modestie. Se payer de moins qu'on ne vaut, c'est
lâcheté et pusillanimité, selon Aristote. Nulle vertu ne s'aide
de la fausseté ; et la vérité n'est jamais matière d'erreur. De
dire de soi plus qu'il n'y en a, ce n'est pas toujours présomption,
c'est encore souvent sottise. Se complaire outre mesure de ce
qu'on est, en tomber en amour de soi indiscrète, est, à mon
avis, la substance de ce vice. Le suprême remède à le guérir,
c'est faire tout le rebours de ce que ceux ici ordonnent, qui,
en défendant le parler de soi, défendent par conséquent encore
plus de penser à soi. L'orgueil gît en la pensée. La langue n'y
peut avoir qu'une bien légère part. De s'amuser à soi, il leur
semble que c'est se plaire en soi ; de se hanter et pratiquer,
que c'est se trop chérir. Il peut être. Mais cet excès naît seulement en ceux qui ne se tâtent que superficiellement, qui se
voient après leurs affaires, qui appellent rêverie et oisiveté
s'entretenir de soi, et s'étoffer et bâtir, faire des châteaux en
Espagne : s'estimant chose tierce et étrangère à eux-mêmes.

Si quelqu'un s'enivre de sa science, regardant sous soi, qu'il
tourne les yeux au-dessus vers les siècles passés, il baissera
les cornes, y trouvant tant de milliers d'esprits qui le foulent
aux pieds. S'il entre en quelque flatteuse présomption de sa
vaillance, qu'il se ramentoive les vies des deux Scipion, de tant
d'armées, de tant de peuples, qui le laissent si loin derrière eux.
Nulle particulière qualité n'enorgueillira celui qui mettra quand
et quand en compte tant d'imparfaites et faibles qualités autres
qui sont en lui, et, au bout, la nihilité de l'humaine condition.
Parce que Socrate avait seul mordu à certes au précepte de son
Dieu, de se connaître, et par cette étude était arrivé à se mépriser, il fut estimé seul digne du surnom de Sage. Qui se connaî-
tra ainsi, qu'il se donne hardiment à connaître par sa bouche.

C. Pascal et Montaigne : la Pensée 84 (éd. Lafuma) :

Nous ne nous tenons jamais au temps présent. Nous anticipons
l'avenir comme trop lent à venir, comme pour hâter son cours,
ou nous rappelons le passé pour l'arrêter comme trop prompt,
si imprudents que nous errons dans des temps qui ne sont point

nôtres, et ne pensons point au seul qui nous appartient, et si vains que nous songeons à ceux qui ne sont rien, et échappons sans réflexion le seul qui subsiste. C'est que le présent d'ordinaire nous blesse. Nous le cachons à notre vue parce qu'il nous afflige, et s'il nous est agréable nous regrettons de le voir échapper. Nous tâchons de le soutenir par l'avenir, et pensons à disposer les choses qui ne sont pas en notre puissance pour un temps où nous n'avons aucune assurance d'arriver.

Que chacun examine ses pensées. Il les trouvera toutes occupées au passé et à l'avenir. Nous ne pensons presque point au présent, et si nous y pensons ce n'est que pour en prendre la lumière pour disposer de l'avenir. Le présent n'est jamais notre fin.

Le passé et le présent sont nos moyens ; le seul avenir est notre fin. Ainsi nous ne vivons jamais, mais nous espérons de vivre, et nous disposant toujours à être heureux il est inévitable que nous ne le soyons jamais.

2. L'AMITIÉ

2.1. LE THÈME DE L'AMITIÉ DANS L'ANTIQUITÉ LATINE

◆ Cicéron a consacré tout un traité à *l'Amitié,* qu'il conclut ainsi :

Je vous engage à placer si haut la vertu, sans laquelle il n'est pas d'amitié possible, que vous la jugiez seule supérieure à l'amitié.

◆ Deux passages des Lettres de Sénèque à *Lucilius :*

Si tu accordes sérieusement la qualité d'ami à quelqu'un en qui tu n'as pas juste autant confiance qu'en toi, ton erreur est lourde et tu as mal pénétré le caractère de la véritable amitié.

Ah ! Je voudrais te communiquer les effets d'une transformation si soudaine [il s'agit d'une conversion morale qui s'est opérée en Sénèque] : dès lors j'aurais en notre amitié une confiance plus assise ; ce serait cette amitié véritable que ni l'espoir, ni la crainte, ni l'intérêt personnel ne peuvent rompre, cette amitié qui meurt avec l'homme, pour qui l'homme consent à mourir. Je t'en citerai beaucoup qui n'ont pas manqué d'amis, mais à qui l'amitié a manqué. C'est un malheur dont ne sont pas menacées les âmes qui, transportées d'un zèle égal, s'associent dans l'amour du bien. Et comment en seraient-elles menacées ? Elles savent qu'entre elles toutes choses sont communes, principalement les disgrâces du sort.

◆ Horace écrit dans ses *Satires* (I, 5) :

Ensuite se lève un jour, le plus charmant de tous, car à Sinuessa nous rejoignent Plotius et Varius et Virgile. Ames plus pures

que les leurs, la terre n'en a jamais porté et nul ne leur est
plus attaché que moi. Ô quels embrassements, quels transports
de joie ce furent! Je ne saurais, tant que j'aurais mon bon
sens, rien comparer à un ami cher.

> On comparera ces textes à ceux que Montaigne consacre à
> l'amitié : sur quel plan chaque auteur latin place-t-il l'amitié?
> ce qu'il y voit; la hiérarchie des valeurs qu'il suggère. L'atti-
> tude de Montaigne sur les différents points.

2.2. L'AMITIÉ ET LES MORALISTES CLASSIQUES

◆ La Bruyère.

> On se reportera aux Nouveaux Classiques Larousse consacrés
> à cet auteur, notamment p. 81, 83 et 84 du premier volume.
> Voici quelques autres passages du même auteur :

Une grande reconnaissance emporte avec soi beaucoup de
goût et d'amitié pour la personne qui nous oblige.

Vivre avec ses ennemis comme s'ils devaient un jour être nos
amis, et vivre avec nos amis comme s'ils pouvaient devenir
nos ennemis, n'est ni selon la nature de la haine, ni selon les
règles de l'amitié; ce n'est point une maxime morale, mais
politique.

On ne doit pas se faire des ennemis de ceux qui, mieux connus,
pourraient avoir rang entre nos amis. On doit faire choix
d'amis si sûrs et d'une si exacte probité, que, venant à cesser
de l'être, ils ne veuillent pas abuser de notre confiance, ni se
faire craindre comme ennemis.

Il est doux de voir ses amis par goût et par estime, il est
pénible de les cultiver par intérêt : c'est *solliciter*.

L'on sait des gens qui avaient coulé leurs jours dans une union
étroite : leurs biens étaient en commun; ils n'avaient qu'une
même demeure; ils ne se perdaient pas de vue. Ils se sont
aperçus à plus de quatre-vingts ans qu'ils devaient se quitter
l'un l'autre et finir leur société; ils n'avaient plus qu'un jour
à vivre, et ils n'ont osé entreprendre de le passer ensemble;
ils se sont dépêchés de rompre avant que de mourir; ils
n'avaient de fonds pour la complaisance que jusque-là. Ils ont
trop vécu pour le bon exemple; un moment plus tôt, ils mou-
raient sociables et laissaient après eux un rare modèle de la
persévérance dans l'amitié.

L'on ne peut aller loin dans l'amitié, si l'on n'est pas disposé
à se pardonner les uns aux autres les petits défauts.

◆ La Rochefoucauld (*Maximes*) :

> Dans une édition intégrale des *Maximes*, on se reportera aux
> textes suivants : 80, 81, 83, 84, 85, 88, 114, 116, 179, 235,
> 279, 286, 294, 296, 315, 319, 321, 376, 410, 426, 427, 428,

{ 434, 438, 440, 441, 473, 521, 525, 544, 560, 582, 583, 590, 619. Voici le texte de quelques-unes des plus importantes :

80. Ce qui nous rend si changeants dans nos amitiés, c'est qu'il est difficile de connaître les qualités de l'âme, et facile de connaître celles de l'esprit.

81. L'amitié la plus désintéressée n'est qu'un commerce où notre amour-propre se propose toujours quelque chose à gagner.

82. La réconciliation avec nos ennemis n'est qu'un désir de rendre notre condition meilleure, une lassitude de la guerre, et une crainte de quelque mauvais événement.

84. Il est plus honteux de se défier de ses amis que d'en être trompé.

S. C'est une preuve de peu d'amitié, de ne s'apercevoir pas du refroidissement de celle de nos amis.

114. On ne peut se consoler d'être trompé de ses ennemis et trahi par ses amis, et l'on est souvent satisfait de l'être par soi-même.

179. Nous nous plaignons quelquefois légèrement de nos amis pour justifier par avance notre légèreté.

235. Nous nous consolons aisément des disgrâces de nos amis lorsqu'elles servent à signaler notre tendresse pour eux.

296. Il est difficile d'aimer ceux que nous n'estimons point ; mais il ne l'est pas moins d'aimer ceux que nous estimons beaucoup plus que nous.

410. Le plus grand effort de l'amitié n'est pas de montrer nos défauts à un ami, c'est de lui faire voir les siens.

434. Quand nos amis nous ont trompés, on ne doit que de l'indifférence aux marques de leur amitié ; mais on doit toujours de la sensibilité à leurs malheurs.

S. Nous ne regrettons pas la perte de nos amis selon leur mérite, mais selon nos besoins et selon l'opinion que nous croyons leur avoir donnée de ce que nous valons.

P. Les amitiés renouées demandent plus de soins que celles qui n'ont jamais été rompues.

440. Ce qui fait que la plupart des femmes sont peu touchées de l'amitié, c'est qu'elle est fade quand on a senti de l'amour.

441. Dans l'amitié, comme dans l'amour, on est souvent plus heureux par les choses qu'on ignore que par celles que l'on sait.

279. Quand nous exagérons la tendresse que nos amis ont pour nous, c'est souvent moins par reconnaissance que par le désir de faire juger de notre mérite.

◆ La Rochefoucauld, *Réflexions diverses.*

Mon dessein n'est pas de parler de l'amitié en parlant de la société ; bien qu'elles aient quelque rapport, elles sont néanmoins très différentes : la première a plus d'élévation et de dignité, et le plus grand mérite de l'autre, c'est de lui ressembler. Je ne parlerai donc présentement que du commerce particulier que les honnêtes gens doivent avoir ensemble. [...]

L'esprit a beaucoup de part à un si grand ouvrage, mais il ne suffit pas seul pour nous conduire dans les divers chemins qu'il faut tenir. Le rapport qui se rencontre entre les esprits ne maintiendrait pas longtemps la société, si elle n'était réglée et soutenue par le bon sens, par l'humeur, et par les égards qui doivent être entre les personnes qui veulent vivre ensemble. S'il arrive quelquefois que des gens opposés d'humeur et d'esprit paraissent unis, ils tiennent sans doute par des liaisons étrangères, qui ne durent pas longtemps. On peut être aussi en société avec des personnes sur qui nous avons de la supériorité par la naissance ou par des qualités personnelles ; mais ceux qui ont cet avantage n'en doivent pas abuser : ils doivent rarement le faire sentir, et ne s'en servir que pour instruire les autres ; ils doivent leur faire apercevoir qu'ils ont besoin d'être conduits, et les mener par raison, en s'accommodant, autant qu'il est possible, à leurs sentiments et à leurs intérêts. Pour rendre la société commode, il faut que chacun conserve sa liberté : il faut se voir, ou ne se voir point, sans sujétion, pour se divertir ensemble, et même s'ennuyer ensemble ; il faut se pouvoir séparer, sans que cette séparation apporte de changement ; il faut se pouvoir passer les uns des autres, si on ne veut pas s'exposer à embarrasser quelquefois, et on doit se souvenir qu'on incommode souvent, quand on croit ne pouvoir jamais incommoder. Il faut contribuer, autant qu'on le peut, au divertissement des personnes avec qui on veut vivre ; mais il ne faut pas être toujours chargé du soin d'y contribuer. La complaisance est nécessaire dans la société, mais elle doit avoir des bornes : elle devient une servitude quand elle est excessive ; il faut du moins qu'elle paraisse libre, et qu'en suivant le sentiment de nos amis, ils soient persuadés que c'est le nôtre aussi que nous suivons.

Il faut être facile à excuser nos amis, quand leurs défauts sont nés avec eux, et qu'ils sont moindres que leurs bonnes qualités ; il faut surtout éviter de leur faire voir qu'on les ait remarqués et qu'on en soit choqué, et l'on doit essayer de faire en sorte qu'ils puissent s'en apercevoir eux-mêmes, pour leur laisser le mérite de s'en corriger.

Il y a une sorte de politesse qui est nécessaire dans les commerces des honnêtes gens : elle leur fait entendre raillerie, et elle les empêche d'être choqués et de choquer les autres par de certaines façons de parler trop sèches et trop dures, qui échappent souvent sans y penser, quand on soutient son opinion avec chaleur.

Le commerce des honnêtes gens ne peut subsister sans une certaine sorte de confiance ; elle doit être commune entre eux ; il faut que chacun ait un air de sûreté et de discrétion qui ne donne jamais lieu de craindre qu'on puisse rien dire par imprudence.

Il faut de la variété dans l'esprit : ceux qui n'ont que d'une sorte d'esprit ne peuvent pas plaire longtemps. On peut prendre des routes diverses, n'avoir pas les mêmes vues ni les mêmes talents, pourvu qu'on aide au plaisir de la société, et qu'on y observe la même justesse que les différentes voix et les divers instruments doivent observer dans la musique.

Comme il est malaisé que plusieurs personnes puissent avoir les mêmes intérêts, il est nécessaire au moins, pour la douceur de la société, qu'ils n'en aient pas de contraires. On doit aller au-devant de ce qui peut plaire à ses amis, chercher les moyens de leur être utile, leur épargner des chagrins, leur faire voir qu'on les partage avec eux quand on ne peut les détourner, les effacer insensiblement sans prétendre de les arracher tout d'un coup, et mettre en la place des objets agréables, ou du moins qui les occupent. On peut leur parler des choses qui les regardent, mais ce n'est qu'autant qu'ils le permettent, et on y doit garder beaucoup de mesure : il y a de la politesse, et quelquefois même de l'humanité, à ne pas entrer trop avant dans les replis de leur cœur ; ils ont souvent de la peine à laisser voir tout ce qu'ils en connaissent, et ils en ont encore davantage quand on pénètre ce qu'ils ne connaissent pas. Bien que le commerce que les honnêtes gens ont ensemble leur donne de la familiarité, et leur fournisse un nombre infini de sujets de se parler sincèrement, personne presque n'a assez de docilité et de bon sens pour bien pouvoir recevoir plusieurs avis qui sont nécessaires pour maintenir la société : on veut être averti jusqu'à un certain point, mais on ne veut pas l'être en toutes choses, et on craint de savoir toutes sortes de vérités. Comme on doit garder des distances pour voir les objets, il en faut garder aussi pour la société : chacun a son point de vue, d'où il veut être regardé ; on a raison, le plus souvent, de ne vouloir pas être éclairé de trop près, et il n'y a presque point d'homme qui veuille, en toutes choses, se laisser voir tel qu'il est.

◆ Autres moralistes du XVIIe siècle :

— SAINT-EVREMOND. J'ai toujours admiré la morale d'Epicure et je n'estime rien tant, de sa morale, que la préférence qu'il donne à l'amitié sur toutes les autres vertus. En effet, la justice n'est qu'une vertu établie pour maintenir la société humaine.

C'est l'ouvrage des hommes; l'amitié est l'ouvrage de la nature; l'amitié fait toute la douceur de notre vie, quand la justice, avec toutes ses rigueurs, a bien de la peine à faire notre sûreté. Si la prudence nous fait éviter quelques maux, l'amitié les soulage tous; si la prudence nous fait acquérir des biens, c'est l'amitié qui en fait goûter la jouissance. Avez-vous besoin de conseils fidèles, qui peut vous les donner qu'un ami? A qui confier vos secrets, à qui ouvrir votre cœur, à qui découvrir votre âme, qu'à un ami? Et quelle gêne serait-ce d'être tout resserré en soi-même, de n'avoir que soi pour confident de ses affaires et de ses plaisirs? Les plaisirs ne sont plus plaisirs dès qu'ils ne sont pas communiqués. *Sans la confiance d'un ami, la félicité du ciel serait ennuyeuse.* J'ai observé que les dévots les plus détachés du monde, que les dévots les plus attachés à Dieu les dévots, pour se faire des objets visibles de leur amitié. Une des grandes douceurs qu'on trouve à aimer Dieu, c'est de pouvoir aimer ceux qui l'aiment. Je me suis étonné, autrefois, de voir tant de confidents et de confidentes sur notre théâtre: mais j'ai trouvé, à la fin, que l'usage en avait été introduit fort à propos; car une passion dont on ne fait aucune confidence à personne, produit plus souvent une contrainte fâcheuse pour l'esprit qu'une volupté agréable pour les sens. On ne rend pas un commerce amoureux public sans honte; on ne le tient pas fort secret sans gêne. Avec un confident, la conduite est plus sûre, les inquiétudes se rendent plus légères, les plaisirs redoublent, toutes les peines diminuent. Les poètes, qui connaissent bien la contrainte que nous donne une passion cachée, nous en font parler aux vents, aux ruisseaux, aux arbres, croyant qu'il vaut mieux dire ce qu'on sent aux choses inanimées que de le tenir trop secret, et se faire un second tourment de son silence.

Comme je n'ai aucun mérite éclatant à faire valoir, je pense qu'il me sera permis d'en dire un, qui ne fait pas la vanité ordinaire des hommes: c'est de m'être attiré, pleinement, la confiance de mes amis; et l'homme le plus secret que j'aie connu en ma vie, n'a été plus caché avec les autres, que pour s'ouvrir davantage avec moi. Il ne m'a rien celé, tant que nous avons été ensemble; et peut-être qu'il eût bien voulu me pouvoir dire toutes choses lorsque nous avons été séparés. Le souvenir d'une confidence si chère m'est bien doux; la pensée de l'état où il se trouve m'est plus douloureuse. Je me suis accoutumé à mes malheurs, je ne m'accoutumerai jamais aux siens, et puisque je ne puis donner que de la douleur à son infortune, je ne passerai aucun jour sans m'affliger; je n'en passerai aucun sans me plaindre.

Dans ces confidences si entières, on ne doit avoir aucune dissimulation. On traite mieux un ennemi qu'on hait ouvertement, qu'un ami à qui on se cache, avec qui on dissimule. Peut-être que notre ennemi recevra plus de mal par notre haine ; mais un ami recevra plus d'injure par notre feinte. Dissimuler, feindre, déguiser sont des défauts qu'on ne permet pas dans la vie civile ; à plus forte raison ne seront-ils pas soufferts dans les amitiés particulières.

— LE P. BOUHOURS. Mais quand on a un *ami* intime qui est fort secret, dit Ariste, ne doit-on pas lui découvrir ce qu'on cèle aux autres ? Oui, sans doute, répliqua Eugène, il ne lui faut rien cacher ; et c'est le plus doux plaisir de la vie d'avoir un autre soi-même, dans le sein duquel on puisse verser, pour ainsi dire, les plus secrètes pensées. Je dis *un autre soi-même*, car un suffit : et quoi qu'on ait plusieurs amis, on ne doit point avoir plusieurs confidents dans les choses de la dernière conséquence. Le secret d'un honnête homme doit être comme le cœur d'une honnête femme pour un seul ; ce que trois personnes savent est public, ou ne tarde guère à le devenir. Dès qu'une chose a passé par plus d'une bouche, elle se répand à peu près comme l'eau des cascades qui va de bassin en bassin : ou plutôt les secrets font comme des fontaines conduites sous terre, qui coulent dans les rues dès qu'elles commencent à se produire.

— MADEMOISELLE DE SCUDÉRY. Le plus sensible plaisir est dans le choix d'un ami de distinction, en qui on puisse avoir la dernière confiance, de qui on puisse recevoir des conseils et à qui on puisse en donner, à qui on puisse montrer son cœur à découvrir et confier tous ses secrets, même ses propres faiblesses, en un mot, *un autre soi-même*.

◆ Vauvenargues (*Introduction à la connaissance de l'esprit humain*, II) :

C'est l'insuffisance de notre être qui fait naître l'amitié, et c'est l'insuffisance de l'amitié même qui la fait périr.

Est-on seul, on sent sa misère, on sent qu'on a besoin d'appui ; on cherche un fauteur de ses goûts, un compagnon de ses plaisirs et de ses peines ; on veut un homme dont on puisse posséder le cœur et la pensée ; alors l'amitié paraît être ce qu'il y a de plus doux au monde. A-t-on ce qu'on a souhaité, on change bientôt de pensée...

Les hommes extrêmes ne sont pas les plus capables d'une constante amitié. On ne la trouve nulle part si vive et si solide que dans les esprits timides et sérieux, dont l'âme modérée connaît la vertu ; car elle soulage le cœur oppressé sous le mystère et sous le poids du secret, détend leur esprit, l'élargit, les rend plus constants et plus vifs, se mêle à leurs amusements, à leurs affaires et à leurs plaisirs mystérieux : c'est l'âme de toute leur vie.

Les jeunes gens sont aussi très sensibles et très confiants; mais la vivacité de leurs passions les distrait et les rend volages. La sensibilité et la confiance sont unées dans les vieillards, mais le besoin les rapproche, et la raison est leur lien; les uns aiment tendrement, les autres plus solidement...

On cherchera chez La Fontaine (VIII, 11; IX, 2) comment le fabuliste s'exprime sur ce même thème. A partir des textes cités et de ceux que l'on recherchera, on tentera de dégager le point de vue de chaque moraliste sur ce sujet, les points communs avec Montaigne, et l'on s'efforcera de rendre compte des divergences des écrivains entre eux et avec l'auteur des *Essais*.

3. MONTAIGNE ET L'ÉDUCATION

3.1. MONTAIGNE ET PLUTARQUE

On a souvent indiqué que l'auteur des *Essais* avait été influencé par l'Antiquité, notamment par l'exemple de Sparte. On tentera de voir ce qu'il en est en utilisant le passage suivant des *Vies parallèles* de Plutarque (Lycurgue, XXXII à XXXVI) [traduction d'Amyot (1513-1593)] :

XXXII. Au demeurant, depuis que l'enfant était né, le père n'en était plus le maître, pour le pouvoir faire nourrir à sa volonté, mais le portait lui même en un certain lieu à ce député qui s'appelait Lesche, là où les plus anciens de sa lignée étant assis visitaient l'enfant : et s'ils le trouvaient beau, bien formé de tous ses membres, et robuste, ils ordonnaient qu'il fût nourri, en lui destinant une des neuf mille parts des héritages pour sa nourriture; mais s'il leur semblait laid, contrefait ou fluet, ils l'envoyaient jeter dans une fondrière, que l'on appelait vulgairement les Apothètes, comme qui dirait les dépositoires, ayant opinion qu'il n'était expédient ni pour l'enfant ni pour la chose publique qu'il vécût, attendu que dès sa naissance il ne se trouvait pas bien composé pour être sain, fort et roide toute sa vie. Et à cette cause les femmes mêmes qui les gouvernaient ne les lavaient pas d'eau simple, comme il se fait partout ailleurs mais [d'eau mêlée] avec du vin, et éprouvaient par ce moyen si la complexion et la trempe de leurs corps était bonne ou mauvaise : parce que l'on dit que les enfants qui sont pour être sujets au mal caduc, ou autrement catarrheux ou maladifs, ne peuvent résister ni durer à ce lavement de vin, mais en sèchent, et en tombent en langueur, et au contraire ceux qui sont bien sains en deviennent plus roides et plus forts.

XXXIII. Les nourrices aussi usaient de certaine diligence avec artifice à nourrir leurs enfants, sans les emmailloter ni lier de bandes, ni de langes, de sorte qu'elles les rendaient plus délivrés de leurs membres, mieux formés, et de plus belle et gentille corpulence ; et si en devenaient indifférents en leur vivre, sans être difficiles à élever, ni mignards ou friands, ni peureux et craignant d'être laissés seuls en ténèbres, ni criards, ou pervers aucunement, qui sont tous signes de nature lâche et vile. Tellement qu'il se trouvait des étrangers qui achetaient des nourrices du pays de Laconie, expressément pour leur faire nourrir leurs enfants : comme l'on dit qu'Amylca, celle qui nourrit Alcibiade, en était ; mais Périclès son tuteur lui bailla depuis pour son maître et gouverneur un serf nommé Zopyre, lequel n'avait partie quelconque meilleure que les autres communs esclaves. Ce que ne fit pas Lycurgue : car il ne mit point la nourriture et le gouvernement des enfants de Sparte entre les mains de maîtres mercenaires, ou de serfs achetés à prix d'argent ; et si n'était pas loisible au père de nourrir ses enfants à sa mode, ainsi que bon lui semblait. Car sitôt qu'ils étaient arrivés à l'âge de sept ans, il les prenait et les distribuait par troupes pour les faire nourrir ensemble, et les accoutumer à jouer, apprendre et étudier les uns avec les autres, puis choisissait en chaque troupe celui qui avait apparence d'être le mieux avisé et le plus courageux au combat, auquel il donnait la superintendance de toute la troupe. Les autres avaient toujours l'œil sur lui, et obéissaient à ses commandements, en endurant patiemment les punitions qu'il leur ordonnait, et les corvées qu'il leur commandait : de manière que presque toute leur étude était d'apprendre à obéir ; mais outre cela, les vieillards assistaient souvent à les voir jouer ensemble, et la plupart du temps leur mettaient en avant des occasions de débats et de querelles, les uns contre les autres, pour mieux connaître et découvrir quel était le naturel de chacun, et s'ils montraient signes de devoir être une fois couards ou hardis.

XXXIV. Quant aux lettres, ils en apprenaient seulement autant qu'il leur en fallait pour le besoin ; et au demeurant, tout leur apprentissage était, apprendre à bien obéir, endurer le travail, et à demeurer vainqueurs en tout combat. A raison de quoi, à mesure qu'ils croissaient en âge, on leur augmentait aussi les exercices du corps : on leur rasait leurs cheveux, et on les faisait aller deschaux, et les contraignait-on de jouer ensemble la plupart du temps tous nus ; puis quand ils étaient parvenus jusqu'en l'âge de douze ans, ils ne portaient de là en avant plus de sayons, et ne leur donnait-on tous les ans qu'une robe simple seulement, qui était cause qu'ils étaient toujours sales et crasseux, comme ceux qui ne s'étuvaient ni ne s'oignaient jamais, sinon à certains jours de l'année, que l'on leur faisait un petit goûter de cette douceur. Ils couchaient et dormaient ensemble sur des paillasses, qu'ils faisaient eux-mêmes des bouts de cannes et des roseaux qui croissaient en la rivière d'Eurotas, lesquels il fallait qu'ils allassent cueillir et rompre eux-mêmes avec leurs mains seules, sans aucun ferrement ; mais en hiver ils y ajoutaient et mêlaient parmi ce que l'on appelle Lycophanos, parce qu'il semble que cette matière ait en soi quelque peu de chaleur.

XXXV. Environ cet âge leurs amoureux, qui étaient les plus gaillards et plus gentils jeunes hommes, commençaient à hanter plus souvent autour d'eux, et les vieillards aussi semblablement avaient plus l'œil sur eux, se trouvant plus ordinairement aux lieux où ils faisaient leurs exercices, et là où ils combattaient, et leur assistant quand ils se jouaient à s'entremoquer les uns des autres : ce que les vieux faisaient non par manière de passe-temps seulement, mais avec telle diligence et telle affection, comme s'ils eussent été pères, maîtres et gouverneurs de tout tant qu'ils étaient d'enfants, de manière qu'il n'y avait jamais temps ni lieu où ils n'eussent toujours quelqu'un pour les admonester, reprendre et châtier, s'ils faisaient aucune faute.

XXXVI. Et néanmoins outre tout cela, encore y avait-il toujours un des plus hommes de bien de la ville, qui avait expressément le titre et la charge de gouverneur des enfants, lequel les départait par bandes, et puis donnait la superintendance à celui des garçons qui lui semblait le plus sage, le plus hardi et le plus courageux. Ils appelaient les garçons Irènes deux ans après qu'ils étaient sortis hors d'enfance, et les plus grands enfants ils les appelaient Mérilènes, comme qui dirait, prêts à sortir d'enfance. Ce garçon à qui se baillait cette charge avait déjà vingt ans, et était leur capitaine quand ils combattaient, et leur commandait quand ils étaient en la maison, comme à ses valets, enjoignant à ceux qui étaient plus faits et plus forts, qu'ils apportassent du bois quand il fallait souper, et à ceux qui étaient plus petits et plus faibles, des herbes. Il fallait qu'ils les dérobassent s'ils en voulaient avoir. Si en allaient dérober les uns aux jardins, les autres dans les salles des convives, où les hommes mangeaient ensemble, dans lesquelles ils se coulaient le plus finement et plus cautement qu'ils pouvaient : car si d'aventure ils étaient pris sur le fait, ils étaient fouettés à bon escient, pour avoir été trop paresseux, et non assez fins et rusés à dérober. Ils dérobaient aussi toute autre sorte de viande sur laquelle ils pouvaient mettre la main, épiant les occasions de les pouvoir prendre habilement, quand les hommes dormaient, ou qu'ils ne faisaient pas bon guet ; mais celui qui y était surpris était bien fouetté, et si le faisait-on davantage jeûner : car on leur donnait bien fort peu à manger, afin que la nécessité les contraignît à se hasarder hardiment, et à inventer quelque habileté pour en dérober subtilement. C'était la cause première et principale pour laquelle on leur donnait si petit à manger, mais l'accessoire était afin que leurs corps en crussent en hauteur davantage, parce que les esprits de vie n'étant point occupés à cuire et digérer beaucoup de viande, ni rebattus contrebas ou étendus en large, pour la quantité ou pesanteur trop grande d'icelle, s'étendaient en long, et montaient contremont à cause de leur légèreté ; et par ce moyen le corps en croissait en hauteur, n'ayant rien qui l'empêchât de monter. Et semble que la même cause les rendait aussi plus beaux, parce que les corps qui sont menus et grêles obéissent mieux et plus facilement à la vertu de nature, qui donne le moule et la forme à chacun des membres ; et au contraire, il semble que les corps qui sont gros, gras et trop nourris, y résistent, n'étant pas si maniables que les autres, à cause de leur pesanteur, ni plus ni moins que l'on voit par expérience que les enfants que portent les femmes qui ont leurs fleurs, et qui se purgent durant leurs grossesses, sont plus grêles, et plus beaux aussi, et plus polis ordinairement que les autres, parce que la matière dont leur corps est formé étant plus souple, est aussi plus facilement régie par la force de nature, qui lui donne la forme ; toutefois quant à la cause naturelle de cet effet, laissons-la disputer à qui voudra, sans en rien décider.

3.2. MONTAIGNE ET L'ENSEIGNEMENT TRADITIONNEL

A. Une expérience vécue : le collège de Guyenne (*Essais*, I, 26).

Secondement, comme ceux que presse un furieux désir de guérison se laissent aller à toute sorte de conseil, le bon homme, ayant extrême peur de faillir en chose qu'il avait tant à cœur, se laissa enfin emporter à l'opinion commune, qui suit toujours ceux qui vont devant, comme les grues, et se rangea à la coutume, n'ayant plus autour de lui ceux qui lui avaient donné ces premières institutions, qu'il avait apportées d'Italie, et m'envoya, environ mes six ans, au collège de Guyenne, très florissant pour lors, et le meilleur de France. Et là, il n'est possible de rien ajouter au soin qu'il eut et à me choisir des précepteurs de chambre suffisants, et à toutes les autres circonstances de ma nourriture, en laquelle il réserva plusieurs façons particulières contre l'usage des collèges. Mais tant y a que c'était toujours collège. Mon latin s'abâtardit incontinent, duquel, depuis, par désaccoutumance j'ai perdu tout usage. Et ne me servit cette mienne nouvelle institution, que de me faire enjamber d'arrivée aux premières classes : car, à treize ans que je sortis du collège, j'avais achevé mon cours (qu'ils appellent), et à la vérité sans aucun fruit que je pusse à présent mettre en compte.

B. La réflexion : Du pédantisme (*Essais*, I, 25).

(I) Je quitte cette première raison, et crois qu'il vaut mieux dire que ce mal vienne de leur mauvaise façon de se prendre aux sciences; et qu'à la mode de quoi nous sommes instruits, il n'est par merveille si ni les écoliers, ni les maîtres n'en deviennent pas plus habiles, quoi qu'ils s'y fassent plus doctes. De vrai, le soin[1] et la dépense de nos pères ne vise qu'à nous meubler la tête de science; du jugement et de la vertu, peu de nouvelles.

(II) Criez d'un passant à notre peuple : « Ô, le savant homme ! » Et d'un autre : « Ô, le bon homme ! » Il ne faudra pas de tourner les yeux et son respect vers le premier. Il y faudrait un tiers crieur : « Ô les lourdes têtes ! » Nous nous enquérons volontiers : « Sait-il du grec ou du latin ? écrit-il en vers ou en prose ? » Mais s'il est devenu meilleur ou plus avisé, c'était le principal, et c'est ce qui demeure derrière. Il fallait s'enquérir qui est mieux savant, non qui est plus savant. Nous ne travaillons qu'à remplir la mémoire, et laissons l'entendement et la conscience vide. Tout ainsi que les oiseaux vont quelquefois à la quête du grain et le portent au bec sans le tâter, pour en faire béchée[2] à leurs petits, ainsi nos pédantes vont pillotant[3] la science dans les livres, et ne la logent qu'au bout de leurs lèvres, pour la dégorger seulement et la mettre au vent.

(III) C'est merveille combien proprement la sottise se loge sur mon exemple. Est-ce pas faire de même ce que je fais en la plus part de cette composition ? Je m'en vais écorniflant[4] par ci par là des livres les sentences qui me plaisent, non pour les garder, car je n'ai point de gardoires, mais pour les transporter en cetui-ci, où, à vrai dire, elles ne sont plus miennes qu'en leur première place. Nous ne sommes, ce crois-je, savants que de la science présente, non de la passée, aussi peu que de la future.

(I) Mais qui pis est, leurs écoliers et leurs petits ne s'en nourrissent et alimentent non plus; ainsi elle passe de main en main, pour cette seule fin d'en faire parade, d'en entretenir autrui, et d'en faire des contes, comme une vaine monnaie inutile à tout autre usage et emploi qu'à compter et jeter.

(I) Nous savons dire : « Cicéro dit ainsi; voilà les mœurs de Platon; ce sont les mots mêmes d'Aristote. » Mais nous, que disons-nous nous-mêmes ? que jugeons-nous ? que faisons-nous ? Autant en dirait bien un perroquet. Cette façon me fait souvenir de ce riche Romain, qui avait été soigneux, à fort grande dépense, de recouvrer des hommes suffisants en tout genre de sciences, qu'il tenait continuellement autour de lui, afin que, quand il escherrait[5] entre ses amis quelque occasion de parler d'une chose ou d'autre ils supplissent[6] sa place et fussent tout prêts à lui fournir, qui d'un discours, qui d'un vers d'Homère, chacun selon son gibier ; et pensait savoir être sien parce qu'il était en la tête de ses gens ; et comme font aussi ceux desquels la suffisance[7] loge en leurs somptueuses librairies.

(III) J'en connais à qui, quand je demande ce qu'il sait, il me demande un livre pour me le montrer ; et n'oserait me dire qu'il a le derrière galeux, s'il ne va sur le champ étudier en son lexicon, que c'est que galeux et que c'est que derrière.

(I) Nous prenons en garde les opinions et le savoir d'autrui, et puis c'est tout. Il les faut faire nôtres. Nous semblons proprement celui qui, ayant besoin de feu, en irait quérir chez son voisin, et, y en ayant trouvé un beau et grand, s'arrêterait là à se chauffer, sans plus se souvenir d'en rapporter chez soi. Que nous sert-il d'avoir la panse pleine de viande, si elle ne se digère ? si elle ne se transforme en nous ? si elle ne nous augmente et fortifie ? pensons-nous que Lucullus, que les lettres rendirent et formèrent si grand capitaine sans l'expérience, les eût prises à notre mode ?

(II) Nous nous laissons si fort aller sur les bras d'autrui, que nous anéantissons nos forces. Me veux-je armer contre la crainte de la mort ? C'est aux dépens de Sénèque. Veux-je tirer de la consolation pour moi, ou pour un autre ? Je l'emprunte de Cicero. Je l'eusse prise en moi-même, si on m'y eût exercé. Je n'aime point cette suffisance relative et mendiée.

Quand nous pourrions être savants du savoir d'autrui, au moins sages ne pouvons nous être que de notre propre sagesse.

{ On dégagera de ces deux textes l'essentiel des critiques de Montaigne à l'égard de l'enseignement traditionnel ; on les rapprochera de Rabelais, *Pantagruel,* V (Nouveau Classique Larousse, p. 62 à 64 en particulier) et *Gargantua,* XIV et XV, ainsi que de la lettre de Gargantua à Pantagruel (N. C. L., p. 79).

3.3. UN POINT PARTICULIER : MONTAIGNE ET L'HISTOIRE

{ Dans l'essai II, 10, *Des livres,* Montaigne fait l'éloge des historiens. On étudiera son point de vue en se demandant quel reflet les *Essais* donnent de cette prédilection de leur auteur et quelle valeur formatrice l'Histoire avait alors et peut avoir maintenant. On mesurera aussi la différence entre les ouvrages historiques lus par Montaigne et ceux qui nous sont offerts actuellement.

Les historiens sont ma droite balle, car ils sont plaisants et aisés ; et quand l'homme en général, de qui je cherche la connaissance, y paraît plus vif et plus entier qu'en nul autre lieu; la variété et la vérité de ses conditions internes, en gros et en détail, la diversité des moyens de son assemblage, et des accidents qui le menacent.

Or, ceux qui écrivent les vies, d'autant qu'ils s'amusent plus aux conseils qu'aux événements, plus à ce qui part du dedans qu'à ce qui arrive au dehors, ceux-là me sont plus propres; voilà pourquoi, en toutes sortes, c'est mon homme que Plutarque. Je suis bien marri que nous n'ayons une douzaine de Laertius[8] ou qu'il ne soit plus étendu, ou plus entendu; car je suis pareillement curieux de connaître les fortunes et la vie de ces grands précepteurs du monde, comme de connaître la diversité de leurs dogmes et fantaisies. En ce genre d'étude des histoires, il faut feuilleter, sans distinction, toutes sortes d'auteurs, et vieils et nouveaux, et baragouins et français, pour y apprendre les choses de quoi ils traitent. Mais César singulièrement me semble mériter qu'on l'étudie, non pour la science de l'histoire seulement, mais pour lui-même, tant il a de perfection et d'excellence par-dessus tous les autres, quoique Salluste soit du nombre. Certes, je lis cet auteur avec un peu plus de révérence et de respect qu'on ne lit les humains ouvrages; tantôt le considérant lui-même par ses actions et le miracle de sa grandeur; tantôt la pureté et inimitable polissure de son langage, qui a surpassé non seulement tous les historiens, comme dit Cicero, mais à l'aventure Cicero même; avec tant de sincérité en ses jugements, parlant de ses ennemis, que, sauf les fausses couleurs de quoi il veut couvrir sa mauvaise cause et l'ordure de sa pestilente ambition, je pense qu'en cela seul on y puisse trouver à redire qu'il a été trop épargnant à parler de soi; car tant de grandes choses ne peuvent avoir été exécutées par lui qu'il n'y soit allé beaucoup plus du sien qu'il n'y en met.

J'aime les historiens ou fort simples ou excellents. Les simples, qui n'ont point de quoi y mêler quelque chose du leur, et qui n'y apportent que le soin et la diligence de ramasser tout ce qui vient à leur notice[9], et d'enregistrer, à la bonne foi, toutes choses sans choix et sans triage, nous laissent le jugement entier pour la connaissance de la vérité, tel est entre autres, pour exemple, le bon Froissart, qui a marché, en son entreprise, d'une si franche naïveté, qu'ayant fait une faute, il ne craint aucunement de la reconnaître et corriger en l'endroit où il en a été averti, et qui nous représente la diversité même des bruits qui couraient, et les différents rapports qu'on lui faisait; c'est la manière de l'histoire nue et informe; chacun en peut faire son profit autant qu'il a d'entendement. Les biens excellents ont la suffisance de choisir ce qui est digne d'être su; peuvent trier, de deux rapports, celui qui est plus vraisemblable ; de la condition des princes et de leurs humeurs, ils en concluent les conseils, et leur attribuent les paroles convenables ; ils ont raison de prendre l'autorité de régler notre créance à la leur ; mais, certes, cela n'appartient à guère de gens. Ceux d'entre-deux (qui est la plus commune façon), ceux-là nous gâtent tout ; ils veulent nous mâcher les morceaux ; ils se donnent loi de juger, et par conséquent d'incliner l'histoire à leur fantaisie.

J.-J. Rousseau, dans l'*Emile* (II), émet un point de vue que l'on jugera par référence à son propre système, puis en relation avec les idées de Montaigne, enfin en tenant compte des besoins et des goûts de l'éducation contemporaine.

Par une erreur encore plus ridicule, on leur fait étudier l'histoire : on s'imagine que l'histoire est à leur portée parce qu'elle n'est qu'un recueil de faits. Mais qu'entend-on par ce mot de faits ? Croit-on que les rapports qui déterminent les faits historiques soient si faciles à saisir, que les idées s'en forment sans peine dans l'esprit des enfants ? Croit-on que la véritable connaissance des événements soit séparable de celle de leurs causes, de celle de leurs effets, et que l'historique tienne si peu au moral qu'on puisse connaître l'un sans l'autre ? Si vous ne voyez dans les actions des hommes que les mouvements extérieurs et purement physiques, qu'apprenez-vous dans l'histoire ? Absolument rien ; et cette étude, dénuée de tout intérêt, ne vous donne pas plus de plaisir que d'instruction. Si vous voulez apprécier ces actions par leurs rapports moraux, essayez de faire entendre ces rapports à vos élèves, et vous verrez alors si l'histoire est de leur âge.

Lecteurs, souvenez-vous toujours que celui qui vous parle n'est ni un savant ni un philosophe, mais un homme simple, ami de la vérité, sans parti, sans système ; un solitaire qui, vivant peu avec les hommes, a moins d'occasions de s'imboire[10] de leurs préjugés, et plus de temps pour réfléchir sur ce qui le frappe quand il commerce avec eux. Mes raisonnements sont moins fondés sur des principes que sur des faits ; et je crois ne pouvoir mieux vous mettre à portée d'en juger, que de vous rapporter souvent quelque exemple des observations qui me les suggèrent.

J'étais allé passer quelques jours à la campagne chez une bonne mère de famille qui prenait grand soin de ses enfants et de leur éducation. Un matin que j'étais présent aux leçons de l'aîné, son gouverneur, qui l'avait très bien instruit de l'histoire ancienne, reprenant celle d'Alexandre, tomba sur le trait connu du médecin Philippe, qu'on a mis en tableau, et qui sûrement en valait bien la peine. Le gouverneur, homme de mérite, fit sur l'intrépidité d'Alexandre plusieurs réflexions qui ne me plurent point, mais que j'évitai de combattre, pour ne pas le décréditer dans l'esprit de son élève. A table, on ne manqua pas, selon la méthode française, de faire beaucoup babiller le petit bonhomme. La vivacité naturelle à son âge, et l'attente d'un applaudissement sûr, lui firent débiter mille sottises, tout à travers lesquelles partaient de temps en temps quelques mots heureux qui faisaient oublier le reste. Enfin vint l'histoire du médecin Philippe : il la raconta fort nettement et avec beaucoup de grâce. Après l'ordinaire tribut d'éloges qu'exigeait la mère et qu'attendait le fils, on raisonna sur ce qu'il avait dit. Le plus grand nombre blâma la témérité d'Alexandre; quelques-uns, à l'exemple du gouverneur, admiraient sa fermeté, son courage : ce qui me fit comprendre qu'aucun de ceux qui étaient présents ne voyait en quoi consistait la véritable beauté de ce trait. Pour moi, leur dis-je, il me paraît que s'il y a le moindre courage, la moindre fermeté dans l'action d'Alexandre, elle n'est qu'une extravagance. Alors tout le monde se réunit, et convint que c'était une extravagance. J'allais répondre et m'échauffer, quand une femme qui était à côté de moi, et qui n'avait pas ouvert la bouche, se pencha vers mon oreille, et me dit tout bas : Tais-toi, Jean-Jacques, ils ne t'entendront pas. Je la regardai, je fus frappé, et je me tus. Après le dîner, soupçonnant sur plusieurs indices que mon jeune docteur n'avait rien compris du tout à l'histoire qu'il avait si bien racontée, je le pris par la main, je fis avec lui un tour de parc, et l'ayant questionné tout à mon aise, je trouvai qu'il admirait plus que personne le courage si vanté d'Alexandre : mais savez-vous où il voyait ce courage ? uniquement dans celui d'avaler d'un seul trait un breuvage de mauvais goût, sans hésiter, sans marquer la moindre répugnance. Le pauvre enfant, à qui l'on avait fait prendre médecine il n'y avait pas quinze jours, et qui ne l'avait prise qu'avec une peine infinie, en avait encore le déboire à la bouche. La mort, l'empoisonnement, ne passaient dans son esprit que pour des sensations désagréables, et il ne concevait pas, pour lui, d'autre poison que du séné. Cependant il faut avouer que la fermeté du héros avait fait une grande impression sur son jeune cœur, et qu'à la première médecine qu'il faudrait avaler il avait bien résolu d'être un Alexandre. Sans entrer dans des éclaircissements qui passaient évidemment sa portée, je le confirmai dans ces dispositions louables, et je m'en retournai riant en moi-même de la haute sagesse des pères et des maîtres, qui pensent apprendre l'histoire aux enfants.

---

1. *Soin* : soucis, inquiétude ; 2. *Béchée* : béquée ; 3. *Pilloter* : prendre en pillant (au sens abstrait) ; 4. *Ecornifler* : écorner ; 5. *Escheoir* : arriver ; 6. *Supplir* : demander avec supplication ; 7. *Suffisance* : capacité ; habileté ; 8. *Laertius* : Diogène Laerce, auteur des *Vies de philosophes* (IIIᵉ siècle apr. J.-C.) ; 9. *Notice* : connaissance ; 10. *S'imboire* : se pénétrer de.

INDEX DES PRINCIPAUX THÈMES TRAITÉS

Cet Index, qui ne concerne que nos extraits, renvoie au livre (premier chiffre romain), au chapitre (second chiffre romain) et à la page (chiffre arabe); chaque tome de cette édition correspond à un livre des Essais.

TABLE DES MATIÈRES

IMPRIMERIE HÉRISSEY. — 27000 - ÉVREUX.
Dépôt légal : Décembre 1972. — N° 32288. — N° de série Éditeur 11664.
IMPRIMÉ EN FRANCE *(Printed in France)*. — 34 685 B-Juin 1983.